Für die Einheit in Christus

Für die Einheit in Christus

Ein ökumenisches Gebetbuch

Herausgegeben von
Paul-Werner Scheele

VERLAG NEUE STADT
MÜNCHEN · ZÜRICH · WIEN

Ein Buch aus der Reihe *Gebete der Christenheit*

Die Deutsche Bibliothek – CIP-Einheitsaufnahme

Für die Einheit in Christus :
ein ökumensiches Gebetbuch /
hrsg. von Paul-Werner Scheele.
– 1. Aufl. – München ; Zürich ; Wien :
Verl. Neue Stadt, 1997
(Reihe Gebete der Christenheit)
ISBN 3-87996-342-8
NE: Scheele, Paul-Werner [Hrsg.]

1997, 1. Auflage

Umschlagabbildung: Sadao Watanabe, Oikoumene
(1991); © World Council of Churches, Genf
Umschlaggestaltung und Satz: Neue-Stadt-Graphik
Druck: MZ-Verlagsdruckerei GmbH, Memmingen
ISBN 3-87996-342-8

Zum Geleit

„Eine Familie, die zusammen betet, hält zusammen.“ Ungezählte Familien haben diese Erfahrung machen können. Sie gilt auch in der großen Familie, zu der alle Christen gehören. Wer glaubt und getauft wird, zählt zu ihr. Das ist so, auch wenn es zwischen den Geschwistern zu schwerwiegenden Zerwürfnissen und zu tiefgehenden Spaltungen gekommen ist. Daß die Christen selbst dann noch zur einen „Familie Gottes“ gehören, wie das Konzil die Kirche nennt,[1] hat sich immer wieder in Gebeten gezeigt, die diesseits und jenseits der schmerzlichen Grenzen gesprochen wurden. Sie waren und sind gottgegebene Bindeglieder zwischen den Christgläubigen. Das zeigt die hier vorgelegte Sammlung, wenn sie Gebete dokumentiert, die sich wie Brücken über tiefe Abgründe spannen, welche zwischen den jeweiligen Betern liegen.
Gebete können noch mehr sein als solche Brücken; sie können und sollen entscheidend

[1] Zweites Vatikanisches Konzil, Kirchenkonstitution n. 6 und 32.

dazu beitragen, daß die Abgründe verschwinden. Durch das Beten soll für immer zusammenkommen, was getrennt ist. Im Wissen darum erbittet Christus vom Vater, „daß alle eins seien“ (Joh 17,21), bevor er sein Leben hingibt, „um die versprengten Kinder Gottes wieder zu sammeln“ (Joh 11,52).

Die Einheit, die der Herr für die Seinen erfleht, hat ihr Urbild und ihren Urgrund im Leben und Lieben des dreieinigen Gottes, mehr noch: sie ist Teilhabe daran. Um dieses Teilnehmen und Teilgeben geht es dem Herrn, wenn er den Vater bittet, „daß sie eins sind wie wir“ (Joh 17,11): „Wie du, Vater, in mir bist und ich in dir bin, sollen auch sie in uns sein“ (Joh 17,21). Wer sich dem Beten Christi anschließt, wird schon jetzt anfanghaft in diese Lebensgemeinschaft hineingenommen. Die aus der Liebe erwachsene Einheit der Seinen mit Gott und miteinander ist das bevorzugte Mittel der göttlichen Liebe, allen Menschen dieses Glück zuteil werden zu lassen. Alle sollen eins sein, „damit die Welt glaubt“ (Joh 17,21) und so zu ihrem Heiland und ihrem Heil findet.

All das sollte uns zum intensiven Beten um die Einheit in Christus drängen. Ohne die intensive Bewegung solchen Betens bewegt sich nichts in der Ökumene. Das Zweite Vatikanische Konzil hat das auf seine Weise zum Ausdruck gebracht, indem es das private und öffentliche Gebet für die Einheit der Christen zusammen mit der Bekehrung der Herzen und der Heiligkeit des Lebens „als die Seele der ganzen ökumenischen Bewegung“[2] bezeichnet hat. In seiner Enzyklika „Ut unum sint“ verweist Papst Johannes Paul II. auf den tiefsten Grund für diesen vitalen Zusammenhang: die Liebe. Sie „ist der tiefe Strom, der den Prozeß auf die Einheit hin belebt und mit Kraft erfüllt. Diese Liebe findet ihren vollendetsten Ausdruck im gemeinsamen Gebet“[3]. Begeistert und begeisternd fährt der Heilige Vater fort: „Wenn Christen miteinander beten, erscheint das Ziel der Einheit näher. Es hat den Anschein, als würde die lange Geschichte der durch mannigfache Zersplitterungen gezeichneten Christen wieder zusammengefügt, wenn sie nach jener Quelle ihrer Einheit strebt, die Jesus Christus ist. Er ‚ist derselbe gestern, heute und in Ewigkeit!‘ (Hebr 13,8). In der Gemeinsamkeit des Gebetes ist Christus wirklich gegenwärtig. Er betet

[2] Zweites Vatikanisches Konzil, Ökumenismusdekret n. 8; zit.: UR.
[3] Johannes Paul II., Enzyklika „Ut unum sint“, 25. Mai 1995, n. 21; zit.: UUS.

‚in uns', ‚mit uns' und ‚für uns'. Er leitet unser Gebet in dem Tröstergeist, den er seiner Kirche schon im Abendmahlssaal in Jerusalem verheißen und geschenkt hat, als er sie in ihrer ursprünglichen Einheit gegründet hat."[4]

Zu solchem Beten möchte dieses Buch beitragen. Es gibt Zeugnis von der unsichtbaren Gemeinschaft der Beter, die seit der frühen Christenheit zusammenwirkt und zusammengehalten hat, indem es Texte aus den verschiedenen Kirchen und kirchlichen Gemeinschaften vereint. Über das beglückende Wissen um die Una Sancta der Betenden hinaus soll zum noch beglückenderen Tun hingeführt werden. Das Feuer des Heiligen Geistes, das die hier wiedergegebenen Gebete erkennen lassen, soll auf möglichst viele überspringen.

Das kann beim Beten eines einzelnen in der verschlossenen Kammer passieren, von dem die Bergpredigt spricht (Mt 6,6). Es kann im kleinen Kreis Gleichgesinnter geschehen, in dem zwei oder drei im Namen Christi versammelt sind (Mt 18,20). Besonderer Segen ruht auf dem Gebet, zu dem sich noch getrennte Christen zusammenfinden. Gerade

4 A. a. O., n. 22.

das ist „ein sehr wirksames Mittel, um die Gnade der Einheit zu erflehen", heißt es im Ökumenismusdekret[5]. Halten wir mit Papst Johannes Paul II. fest: „Wenn es die Christen ungeachtet ihrer Spaltungen fertigbringen, sich immer mehr im gemeinsamen Gebet um Christus zu vereinen, wird ihr Bewußtsein dafür wachsen, daß das, was sie trennt, im Vergleich zu dem, was sie verbindet, gering ist. Wenn sie sich immer öfter und eifriger vor Christus im Gebet begegnen, werden sie Mut schöpfen können, um der ganzen schmerzlichen menschlichen Realität der Spaltungen entgegentreten zu können, und sie werden sich miteinander in jener Gemeinschaft der Kirche wiederfinden, die Christus trotz aller menschlichen Schwachheiten und Begrenztheiten unaufhörlich im Heiligen Geist aufbaut."[6]

Blaise Pascal stellt in seinen „Pensées" die Frage: „Weshalb hat Gott das Gebet gestiftet?" Er geht davon aus, daß das Betenkönnen ein Werk Gottes ist. Die erste Antwort des genialen Naturforschers lautet: „Um seinen Geschöpfen die Würde der Verursachung zu

5 UR, n. 8.
6 UUS, n. 22.

verleihen."[7] Tun wir das Unsere, daß wir diese durch Gottes Gnade gegebene Wirkmöglichkeit nach Kräften wahrnehmen und betend „die Würde der Verursachung" fruchtbar werden lassen, „damit alle eins seien" (Joh 17,21).

Paul-Werner Scheele
Bischof von Würzburg

[7] B. Pascal, Über die Religion und über einige andere Gegenstände (Pensées), hg. v. E. Wachsmuth, Tübingen ^{4}1948, 234 (frg. 513).

O Gott Vater, du bist gut,
weit über den Begriff alles Guten.
Du bist schön,
weit über den Begriff alles Schönen.
In dir ist Ruhe und Frieden.
Schlichte alle Zwietracht,
die uns voneinander trennt,
und führe uns zurück
in die Einheit der Liebe,
die Ähnlichkeit mit deiner
erhabenen Natur haben kann.
Gib, daß wir geistig eins seien,
sowohl in uns selbst, als in den anderen.

Jakobusliturgie [1]

Allmächtiger Gott,
sieh gnädig auf deine Kirche
und gib,
daß sie allezeit dein heiliges Volk bleibt,
dessen Einheit ihren Ursprung hat
in der Einheit des Vaters und des Sohnes
und des Heiligen Geistes.
Offenbare durch sie der Welt
das Geheimnis deiner Einheit und Heiligkeit
und vollende uns in deiner Liebe.
Darum bitten wir durch Jesus Christus,
deinen Sohn,
unseren Herrn und Gott,
der in der Einheit des Heiligen Geistes
mit dir lebt und herrscht
in alle Ewigkeit.

Messbuch [2]

In Wahrheit ist es würdig und recht,
dir, Herr, heiliger Vater,
allmächtiger ewiger Gott,
immer und überall zu danken
durch unsern Herrn Jesus Christus.
In ihm hast du uns
zur Erkenntnis der Wahrheit geführt
und uns zu Gliedern seines Leibes gemacht
durch den einen Glauben
und die eine Taufe.
Durch ihn hast du deinen Heiligen Geist
ausgegossen über alle Völker,
damit er Großes wirke
mit seinen Gaben.
Er wohnt in den Herzen der Glaubenden,
er durchdringt und leitet die ganze Kirche
und schafft ihre Einheit in Christus.
Darum preisen wir
jetzt und in Ewigkeit dein Erbarmen
und singen mit den Chören der Engel
das Lob deiner Herrlichkeit.

Messbuch [3]

Du bist der Schöpfer; erneuere dein Werk.
Du bist der Erlöser;
bewahre, was du erkauft hast.
Du bist der Erhalter; laß nicht zugrunde gehen, die so ganz von dir abhängen.
Du bist der Herr; behaupte deinen Besitz.
Du bist das Haupt;
komme deinen Gliedern zu Hilfe.
Du bist der König;
gib uns Ehrfurcht vor deinen Gesetzen.
Du bist der Friedensfürst;
hauche uns gegenseitige Liebe ein.
Du bist Gott; erbarme dich der Flehenden.
Sei nach Pauli Wort alles in allem, damit deiner Kirche ganzer Chor mit einmütigem Herzen und einmütiger Stimme für die empfangene Barmherzigkeit Dank sage dem Vater, dem Sohne, dem Heiligen Geist, die nach dem unendlich erhabenen Muster der Eintracht der Person nach unterschieden, der Natur nach eins sind, denen Lob sei und Ruhm in Ewigkeit.

Erasmus von Rotterdam [4]

Himmlischer Vater! Schaue huldvoll auf das gläubige Vertrauen deiner ganzen Kirche, und schenke ihr in Gnaden Einheit und Frieden gemäß deinem heiligen Willen! Wie aus ungezählten Ähren auf aller Welt dein Brot und aus gar vielen Trauben dein Wein auf dem Altar eine heilige Opfergabe wird und ein Leib Christi, so laß uns alle eins sein, denen dein ewigeinziger Sohn in der Menschwerdung Bruder wurde, alle, für die er sein Leben hingab zur Erlösung, alle, denen er durch die Wiedergeburt der einen Taufe Anteil gab an seinem göttlichen Leben und daher seinen herrlichen Namen verlieh.
Laß uns alle, die wir diesen Namen Christi tragen, einträchtig sein im Bekenntnis unseres Herrn, daß ein Glaube im Denken, eine Liebe im Handeln uns eine ...
Ja, laß uns alle, die wir „Unser Vater!“ rufen, eine Herde sein, die dem einen Hirten und Führer der Seelen folgt, Jesus Christus, unserem Herrn.

Max Josef Metzger [5]

Herr, unser Gott, der du uns durch den Tod deines Sohnes mit dir selbst und untereinander versöhnt und uns das Amt der Versöhnung aufgetragen hast:
Laß uns stets gedenken, wie teuer du uns erkauft hast. Kreuzige unsern Stolz, mache zunichte unsere Zwietracht und gib, daß das Kreuz deines lieben Sohnes in uns Früchte der Gerechtigkeit und des Friedens wirke.
Hilf uns vergeben, wie wir selbst nur von deiner Vergebung leben. Gib deiner Kirche die Einigkeit des Geistes durch das Band des Friedens, auf daß sie inmitten der Welt deine Gnade und Vergebung in Vollmacht verkündige. Zerbrich die Mauern, die noch immer deine Kirche zertrennen. Führe, o Herr, bald den Tag herauf, an dem alle Völker mit einem Munde dich ohne Ende preisen.

Suzanne de Diétrich [6]

Vater, gib uns die Gnade, daß wir uns mit der Gesinnung deines Sohnes Jesus Christus vereinigen. Er hat in seinem Erdenleben nur das getan, was er dich tun sah; er wollte in jedem Wort, in jeder Tat abhängig sein von deinem Wink. Es war seine Speise – das, woraus er im Innersten lebte –, deinen Willen zu tun in der Vollendung des Werkes. Und das ist dieses Werk: daß er dich geoffenbart hat, daß er deine Ehre und nicht die eigene gesucht hat. So hat er – gehorsam bis zum Tod – dich verherrlicht.
Vater, gib auch uns, dich auf Erden zu verherrlichen. Führe auch uns und das Werk, das du uns gegeben hast, zur Vollendung – denn dein Sohn will durch uns sein Werk fortsetzen für das Leben der Welt. Gib uns, einmal wie er dieses Wort sprechen zu können, daß wir dich verherrlicht haben.

Wilhelm Thüsing [7]

Wir danken dir, Vater,
Herr des Himmels und der Erde,
und preisen dich
durch unseren Herrn Jesus Christus.
Durch ihn, dein Wort,
hast du die Welt geschaffen
und lenkst sie in deiner Weisheit.
Ihn, deinen menschgewordenen Sohn,
hast du uns zum Mittler gegeben.
Er hat deine Botschaft verkündet
und uns gerufen, ihm zu folgen.
Er hat uns erlöst durch sein Kreuz
und mit deinem Geiste besiegelt.
Er ist der Weg, der uns zu dir führt,
er ist die Wahrheit, die uns frei macht;
er ist das Leben
und erfüllt uns mit Freude.
Durch ihn führst du deine Söhne und Töchter
zusammen zu einer einzigen Familie.
Darum rühmen wir jetzt und in Ewigkeit dein Erbarmen und singen mit den Chören der Engel das Lob deiner Herrlichkeit.

Messbuch [8]

Christus in uns, wir bitten dich, gehe wieder ans Werk. Belebe in unseren Herzen den Namen deines Vaters. Hier sind wir, um dich wirken zu lassen. Wirke ungehindert! Entferne alles, was ihn verdeckt; grabe tief nach ihm. Gieße in diese Tiefe das Feuer deiner Liebe, das Feuer deines Geistes. Seine leuchtende Flamme steige höher und höher zu unserm Vater; und alle unsere Brüder, alle seine Söhne mögen im Licht, das dieses Feuer verbreitet, den Namen desselben Vaters wiedererkennen, der sich im Namen desselben Sohnes fortsetzt, die sich beide im Namen desselben Geistes vollenden. Damit er komme, der Tag, den du willst.

Christus, der Tag, den du seit dem heiligen Abendmahl unaufhörlich erflehst, jener Tag, an dem wir nur einen Gedanken haben werden, deinen Gedanken: die Einheit im Glauben deiner einen Kirche. Dieser Tag wird kommen, wenn unser Schmerz um die Spaltungen uns genug hat leiden lassen und die Flamme unserer eigenen Liebe zu dir genug brennt, wenn Feuer und Licht desselben Geistes stark genug sind, daß du uns als Antwort auf unsere Liebe zu dir, die schon am Werk ist, deinen Geist senden wirst, den Geist deines Vaters.

An jenem Tage wird dies die große Wiedergutmachung sein, und aufhören wird das große Ärgernis. Bis zu diesem Tage wird dein Name, Vater, kaum geheiligt werden auf Erden. Aber an jenem Tage wird es geschehen.
Vater, geheiligt werde dein Name!
Amen. Amen.

Paul Couturier [9]

Herr Jesus, der du am Abend vor deinem Tod gebetet hast, daß alle deine Jünger eins seien, wie der Vater in dir und du in ihm, laß uns die Schuld unserer Zerrissenheit schmerzlich empfinden. Hilf uns aufrichtig erkennen, wieviel Gleichgültigkeit, Mißtrauen und Feindseligkeit wir gegeneinander im Herzen tragen, und gib uns den Mut, uns davon frei zu machen. Verleihe uns, daß wir uns alle in dir begegnen, auf daß von unseren Herzen und Lippen unablässig dein Gebet aufsteige um die Einheit, die du willst, nach der Weise, die dir gefällt. In dir, der du selbst die Liebe bist, laß uns den Weg finden, der zur Einheit führt, im Gehorsam gegen deine Liebe und deine Wahrheit.

Paul Couturier [10]

Jesus Christus, mein König und Herr, ich lege meine Hände in deine heiligen Hände.
Ich vereinige meinen Atem deinem göttlichen Atem, denn ich flehe mit deinen eigenen Worten: Herr, laß sie alle eins sein.
Eins in der Liebe – eins im Glauben – eins im Ziel – eins im Willen.
Die Trennung derer, die an dich glauben – an dich, den Sohn des Allerhöchsten, unseren Menschenbruder –, zerreißt unser Herz.
Jeder meint deinen Willen zu erkennen und deine Wahrheit zu sehen. Aber es scheiden sich die Geister an deiner großen Verheißung. Gib sie uns noch einmal, gib sie uns deutlicher und allen unmißverständlich!
Reiße nieder die Schranken, die uns trennen, damit aus unser aller Herzen dein Loblied erschalle und aufgerichtet bleibe dein Kreuz als ewige Versöhnung zwischen uns Menschen.
Nur langsam kann der Menschengeist erfassen, was du von ihm willst. Nur göttlich geleitet kann er Gewißheit erlangen.
Vater, laß uns eins werden.

Elisabeth von Schmidt-Pauli [11]

Christus, vielgeliebter ...
Wie der Heilige Geist
dich zu deiner Stunde führte,
so bereitet er die Christen von überall her
für die Stunde der Einheit.
Das ist ein Aufstieg aller,
ein Wandern aller zu dir hin
in einem neu belebten Bewußtsein,
einer vermehrten Liebe,
einem selbstlosen Dienst.
Christus, dein Geist fördere dieses Klima,
indem dein ewiges Gebet eindringt
in jede Faser deines mystischen Leibes.
Christus, unsere Stunde ist gekommen.
Sie führt durch das Kreuz.
Laß uns mutig hineingehen.

Maurice Villain [12]

Herr Jesus Christus, wir beten dich an und danken dir, denn durch deinen Opfertod am Kreuz hast du die Welt erlöst.
Dein Blut komme über uns und über unsere Kinder gnädiglich, über alle Menschen an allen Orten in allen Ständen mit allen ihren Anliegen, über dein altes Bundesvolk und das Land seines Erbes und über die ganze, nach Freiheit seufzende Kreatur.
Besonders komme dein Blut, o Herr, in unser Verhältnis zu dir und zu uns untereinander.
Vereinige uns alle mit dir und miteinander in der einen, alle und alles umfassenden, unzertrennlichen Liebes- und Lebensgemeinschaft deines heiligen Herzens:
zu Gottes alleiniger Ehre, zum Kommen des Himmelreiches, zu aller Heiligen und der Engel Freude und zu unserem ganzen Heil an Leib, Seele und Geist, auch an Hab und Gut, in Vergangenheit, Gegenwart und Zukunft, daß der Wille des Vaters wie im Himmel so auf Erden geschehe.

Bruderschaft vom gemeinsamen Leben [13]

Herr, unser Gott,
offenbare an uns dein Erbarmen
und überwinde alle Spaltungen
der Christenheit durch die Kraft
des Heiligen Geistes.
Laß die Kirche sichtbar werden
als Zeichen deiner Gegenwart
unter den Völkern,
damit die Welt dich erkennt
und an Christus glaubt, den du gesandt hast,
der in der Einheit des Heiligen Geistes
mit dir lebt und herrscht in alle Ewigkeit.

Messbuch [14]

Sieh gnädig auf dein Volk, Herr, unser Gott,
und schenke ihm die Gaben deines Geistes.
Laß die Liebe zur Wahrheit in uns wachsen,
damit wir die volle Einheit der Christen
aufrichtig ersehnen und tatkräftig fördern.
Darum bitten wir durch Jesus Christus.

Messbuch [15]

O Heiliger Geist, du Quelle der Gnadengaben, du Geist der Weisheit, du Geist des Verstandes, du Geist der Gottesfurcht, für den und mit dem der den Kirchen bestimmte Kampf ausgefochten wird, halte fern von uns jeden hochmütigen Gedanken, flöße aber ein in unser aller Herzen die Furcht Gottes; schenke uns Verstand und Weisheit, sei du mit uns allen, die wir für dich in den Kampf ziehen; mache kund die ganze Wahrheit, da du doch nicht nur der Geist der Wahrheit bist und heißest, sondern es auch als deine Aufgabe betrachtest, uns die ganze Wahrheit mitzuteilen durch die wahre, unveränderliche Stimme der Wahrheit.

Bessarion von Nizäa [16]

Du ewiger, barmherziger Gott,
du bist ein Gott des Friedens,
der Liebe und der Einigkeit,
nicht aber des Zwiespalts ...
Wir armen Sünder bitten und flehen dich an,
du wollest durch den Heiligen Geist
alles Zertrennte zusammenbringen,
das Geteilte vereinigen und ganz machen
und uns geben, daß wir
zu deiner Einigkeit umkehren,
deine einige, einzige
und ewige Wahrheit suchen,
von allem Zwiespalt abweichen.
Gib, daß wir eines Sinnes, Wissens
und Verstandes werden,
der da gerichtet sei nach Jesus Christus,
unserem Herrn,
damit wir dich, unseren himmlischen Vater,
mit einem Munde preisen und loben
durch unseren Herrn Jesus Christus
im Heiligen Geist.

Martin Luther [17]

Herr, unser Gott!
Du hast deiner Gemeinde verheißen,
daß dein Heiliger Geist
allezeit bei ihr bleiben wird.
Darum bitten wir dich auch jetzt:
Gieße ihn auf uns aus,
die wir dürres und unfruchtbares Land sind.
Öffne uns Ohr und Herz,
daß wir sein Zeugnis
durch dein heiliges Wort vernehmen
und ihm gehorchen.
Zieh mit deinem Geist
auch in unsere Herzen ein,
daß wir mit Leib und Seele
sein Tempel werden.
Höre nicht auf, deiner Gemeinde
die Gaben deines Geistes zu schenken,
und gib uns die Einigung im Geist
durch das Band des Friedens.

Reformierter Bund [18]

Hier sind wir, Herr, Heiliger Geist. Hier sind wir, mit ungeheuren Sünden beladen, doch in deinem Namen ausdrücklich versammelt.
Komm in unsere Mitte, sei uns zugegen, ergieße dich mit deiner Gnade in unsere Herzen! Lehre uns, was wir tun sollen, weise uns, wohin wir gehen sollen, zeige uns, was wir wirken müssen, damit wir durch deine Hilfe dir in allem wohlgefallen.
Du allein sollst unsere Urteile wollen und vollbringen, denn du allein trägst mit dem Vater und dem Sohne den Namen der Herrlichkeit. Der du die Wahrheit über alles andere liebst, laß nicht zu, daß wir durcheinanderbringen, was du geordnet hast! Unwissenheit möge uns nicht irreleiten, Beifall der Menschen uns nicht verführen, Bestechlichkeit und falsche Rücksichten uns nicht verderben! Deine Gnade allein möge uns binden an dich! In dir laß uns eins sein und in nichts abweichen vom Wahren!
Wie wir in deinem Namen versammelt sind, so laß uns auch in allem, vom Geist der Kindschaft geführt, festhalten an der Gerechtigkeit

des Glaubens, daß hier unser Denken nie uneins werde mit dir und in der Welt, die da kommt, für rechtes Tun wir ewigen Lohn empfangen!

Zweites Vatikanisches Konzil [19]

Sende, himmlischer Vater, deinen Heiligen Geist über die christliche Kirche, und mache Wohnung in ihr, auf daß sie Frieden habe und sich auferbaue auf dem einen Grund und wandle in deiner Furcht. Gieße aus deinen Heiligen Geist nach deiner Verheißung über alles Fleisch. Wecke allerorten Sehnsucht nach der Offenbarung deiner Herrlichkeit. Laß es Pfingsten werden in allen Landen, und tue täglich hinzu, die da selig werden. Vereinige uns, Herr Jesus Christus, aufs neue mit dir, dem Haupte. Laß uns auch untereinander eins werden als Glieder deines Leibes und in der Gemeinschaft deines Heiligen Geistes. Neige dich zu uns mit deinen himmlischen Gaben. Tue weg von uns alle Uneinigkeit, erleuchte unsere Seelen mit deinem hellen Lichte, und lehre uns tun nach deinem Wohlgefallen. Komm, Heiliger Geist, tröste die Traurigen, stärke die Schwachen, lehre die Demütigen, und erquicke die Leidtragenden.

Evangelisch-methodistische Kirche [20]

Lebendiger Gott, komm und mache unsere Seelen zu Tempeln deines Geistes.
– *Heilige uns, Herr.*
Taufe deine Kirche ganz und gar mit Feuer, damit ihre Spaltungen bald enden und sie vor der Welt aufgerichtet sei als Säule und Stütze deiner Wahrheit.
– *Heilige uns, Herr.*
Gewähre jedem von uns die Früchte deines Heiligen Geistes: geschwisterliche Liebe, Freude, Friede, Geduld, Güte, Treue.
– *Heilige uns, Herr.*
Daß dein Heiliger Geist durch den Mund der Diener rede, die dein Wort verkünden, hier und überall: – *Heilige uns, Herr.*
Sende deinen Heiligen Geist, den Tröster, denen, die durch Widerwärtigkeiten hindurchgehen oder die Opfer menschlicher Bosheiten sind. – *Heilige uns, Herr.*
Bewahre vor Haß und Krieg alle Völker und ihre Führer, und schaffe eine wahre Gemeinschaft der Nationen durch die Macht deines Geistes. – *Heilige uns, Herr.*

Offizium von Taizé [21]

Die Frucht des Geistes ist Liebe.
– Laßt uns einander in Liebe die Wahrheit sagen.
Die Frucht des Geistes ist Freude.
– Laßt uns dem Herrn ein neues Lied singen.
Die Frucht des Geistes ist Güte.
– Laßt uns schmecken und sehen, wie gütig der Herr ist.
Die Frucht des Geistes ist Geduld.
– Laßt uns auf den Herrn harren, damit er unsere Kraft erneuert.
Die Frucht des Geistes ist Selbstbeherrschung.
– Da wir aus dem Geist leben, laßt uns im Geist voranschreiten.
Die Frucht des Geistes ist Demut.
– Was der Herr von uns fordert, ist, daß wir Gerechtigkeit suchen und in Demut mit unserem Gott wandeln.
Die Frucht des Geistes ist Glaubenstreue.
– Laßt uns dem Ziel entgegenstreben, das Gott uns gesetzt hat.

5. Weltkonferenz für „Glauben und Kirchenverfassung" 1993 [22]

O Gott, Vater unseres Herrn Jesus Christus,
unser einziger Erlöser, Friedensfürst!
Gib uns Gnade, daß wir uns die große Gefahr
unserer Zerrissenheit zu Herzen nehmen.
Nimm allen Haß und alle Vorurteile hinweg
und was immer uns an wahrer Eintracht
hindern mag.
Wie nur *ein* Leib und *ein* Geist ist
und *eine* Hoffnung unserer Berufung,
ein Herr, *ein* Glaube, *eine* Taufe,
ein Gott und Vater aller,
so laß auch uns *ein* Herz und *eine* Seele sein,
verbunden durch das heilige Band
der Wahrheit und des Friedens,
des Glaubens und der Liebe,
daß wir dich mit einem Geist
und Munde preisen
durch Christus, unsern Herrn.

Jakobusliturgie [23]

Es ist wahrhaft würdig und recht,
es ist unsere Freude und unser Heil,
daß wir zu allen Zeiten
und an allen Orten
dir danksagen, Herr, heiliger Vater,
allmächtiger, ewiger Gott,
durch Christus, unseren Herrn.

Er hat am Abend vor seinem Leiden
für die Einheit
des ganzen gläubigen Volkes gebetet,
die Einheit in ihm und in dir,
durch den Heiligen Geist in der Kirche.
Wir glauben, daß du sein Beten erhörst.

Wir sagen dir Dank
für die Einheit des Leibes Christi.
Wir erwarten mit Freude den Tag,
an dem wir vollkommen eins sind,
damit die Welt erkennt,
daß du deinen Sohn gesandt hast
und daß er uns liebte,
wie du ihn liebtest.

Bruderschaft von Taizé [24]

Laßt uns Gott danken, daß er uns durch das Opfer Christi am Kreuz mit sich und untereinander geeinigt hat:
Für unsere Einheit in dir und deine ewige Gegenwart in der Kirche:
– *Danken wir dir, Herr.*
Für das Wirken des Heiligen Geistes, der in der ganzen Welt das Leben der Kirche und ihren missionarischen Sinn erneuert:
– *Danken wir dir, Herr.*
Für die Früchte des Leidens deiner Kirche, die ergänzen, was dem ganzen Leib an Leiden fehlt, und seine Einheit mit dir festigen:
– *Danken wir dir, Herr.*
Für deine Gaben, die wir trotz unserer Spaltungen erhalten haben, und dafür, daß wir gelernt haben, sie untereinander in der Ökumenischen Bewegung zu teilen:
– *Danken wir dir, Herr.*

In der Gegenwart unseres Herrn Jesus Christus laßt uns unsere Sünden bereuen und demütig bekennen:
Daß wir deinem Gebet am Vorabend deiner Passion für die Einheit der Deinen zu wenig

Bedeutung beigemessen haben, und daß du wegen unserer Trennungen Leiden durchmachst:
– *Verzeihe uns, Herr.*
Unser gleichgültiges oder selbstgefälliges Verhalten, unsere Unwissenheit und unsere wechselseitigen Vorurteile, unsern Mangel an Demut und an Offenheit für eine gegenseitige Bereicherung:
– *Verzeihe uns, Herr.*
Die Schärfe unserer Kontroversen, unsere Ironie und unsere Engstirnigkeit in bezug auf unsere christlichen Brüder und Schwestern, unsere Feindseligkeit und Gewaltsamkeit ihnen gegenüber:
– *Verzeihe uns, Herr.*
Die Sünde, daß wir zwischen deinen Kindern rassische und nationale Grenzen gezogen und soziale und kulturelle Schranken aufgerichtet haben:
– *Verzeihe uns, Herr.*
Die Lauheit unserer Liebe und das Ungenügen unseres Einsatzes zugunsten unserer christlichen Brüdern und Schwestern:
– *Verzeihe uns, Herr.*

Daß unser Eifer gering ist und unsere Trennungen die Ausbreitung der Kirche behindern:
– *Verzeihe uns, Herr.*
Laßt uns den Heiligen Geist bitten, in uns das Feuer seiner Liebe zu entzünden, damit in der Kirche alles vergehe, was seinem Willen nicht entspricht, und die Gaben des Geistes in ihr leben und wachsen. Laßt uns den Heiligen Geist bitten, alle zu beseelen, die für die Einheit der Christen arbeiten und beten, und sie in die ganze Wahrheit einzuführen:
– *Herr, erhöre unser Gebet.*
Laßt uns den Heiligen Geist bitten, unsere Herzen zu erschließen, damit Jesus Christus sein Gebet für die Einheit der Seinen durch uns darbringen möge und uns größer mache, bis alle mit ihm vereint sind:
– *Herr, erhöre unser Gebet.*
Laßt uns den Heiligen Geist bitten, uns an den Leiden teilnehmen zu lassen, die unsere Uneinigkeit und Untreue dem Herrn bereiten, so daß wir auch an der Macht seiner Auferstehung Anteil haben:
– *Herr, erhöre unser Gebet.*

Laßt uns den Heiligen Geist bitten, daß die Kirche auf Erden bereit sei, wie der Herr das Leben für den Menschen hingebend, sich zerschlagen zu lassen und sich hinzuschenken für die Not der Welt, damit das Reich unseres Gottes komme:
– *Herr, erhöre unser Gebet ...*

Herr allmächtiger Gott! Du hast deinen Sohn Jesus Christus gesandt, daß er dein Volk zu einer Herde unter einem Hirten versammele. Wir vereinigen unsre Bitten mit dem umfassenden Beten deiner Kirche auf Erden und im Himmel. Wir bitten dich, beschleunige den Tag, wo wir dir eines Herzens und eines Sinnes dienen und dich anbeten können im Frieden und in der Liebe des Leibes Christi; durch Jesus Christus, deinen Sohn, unseren Herrn, der mit dir lebt und herrscht in der Einheit des Heiligen Geistes, ein einiger Gott von Ewigkeit zu Ewigkeit.
– *Amen.*

Offizium von Taizé [25]

Allmächtiger Schöpfer und Versöhner aller Menschen, der du dein eigenes Volk erwählst, berufst und mit dir versammelst, wir beten dich an um deiner tiefen Weisheit und unerforschlichen Gedanken willen.
– Preis sei dir, o Herr!
Ewiger Gott, du sendest deinen Sohn, Jesus Christus, als den verheißenen König und Heiland deines Volkes, wir freuen uns und danken dir um deiner unerschütterlichen Liebe willen.
– Preis sei dir, o Herr!
O Menschensohn und leidender Gottesknecht, durch dessen Sühnetod wir vereinigt wurden mit dir und miteinander, verleihe uns Reue und Buße um unserer dauernden Spaltungen willen.
– Höre uns und rette uns, lieber Herr!
Guter Hirte, der du gelebt hast und gestorben bist, um die zerstreuten Kinder Gottes zur Einheit zu versammeln, nimm von uns allen Eigensinn, wie er sich beständig ausbreitet und deine Herde entfremdet.
– Höre uns und rette uns, lieber Herr! ...

Du geliebter Bräutigam deiner Kirche, du hast sie gereinigt und geweiht, damit sie heilig und unbefleckt sei am Tag deiner Wiederkunft, reinige uns von der Unwissenheit und Trägheit, die uns spaltet in unserem Zeugnis und Dienst.
– *Höre uns und rette uns, lieber Herr!*
O heiliges Haupt deines Leibes, der Kirche, schenke uns die Einheit des Geistes und die Einigkeit des Glaubens in deiner Erkenntnis, damit wir dienen dem Frieden und der gegenseitigen Auferbauung.
– *Höre uns und rette uns, lieber Herr!*
Heiliger Geist Gottes, in dessen Gemeinschaft wir Leben haben und durch dessen Gabe wir gestärkt werden, führe uns zur Wahrheit Christi, und ermächtige uns, alle notwendigen Dinge so zu tun, daß wir die Einheit der Kirche sichtbar machen.
– *Höre uns, rette uns, heile und einige uns, lieber Herr.*

Ökumenischer Rat der Kirchen [26]

Wir danken Gott, der heiligen und ungeteilten Dreifaltigkeit, daß wir eins sind in unserem Herrn Jesus Christus, nicht durch Übereinstimmung unseres Geistes oder Zustimmung unseres Willens, sondern durch das, was er, in seiner unverdienten Gnade, für uns in seiner Menschwerdung, in seinem Tod und in seiner Auferstehung getan hat durch die Gabe des Heiligen Geistes.
– Wir danken dir, o Gott.
Wir danken Gott, der uns im Glauben gerufen und uns eine Gefolgschaft auferlegt hat, die über allen anderen Loyalitäten steht.
– Wir danken dir, o Gott ...
Wir sagen Dank für Gottes Gabe der Taufe durch Wasser und den Geist und für die zunehmende Anerkennung, daß dies ein gemeinsames Zeichen unserer Gemeinschaft miteinander ist.
– Wir danken dir, o Gott.

5. Weltkonferenz für „Glauben und Kirchenverfassung" 1993 [27]

Gebieter, Herr Jesus Christus, gleich ewiges Wort des anfanglosen Vaters! Du bist zur Rettung unseres Geschlechtes uns in allem, die Sünde ausgenommen, gleich geworden. Du hast deine heiligen Jünger und Apostel ausgesendet, das Evangelium deines Reiches zu verkünden und zu lehren und jede Krankheit und Schwäche unter deinem Volke zu heilen. Sende uns jetzt selbst, o Herr, dein Licht und deine Wahrheit, erleuchte die Augen unseres Geistes zur Erkenntnis deiner göttlichen Aussprüche. Befähige uns, ihre Hörer zu werden, doch nicht bloß das Wort zu hören, sondern es zu vollziehen, damit wir fruchtbar gemacht werden und gute Früchte bringen, und zwar dreißigfältige und hundertfältige, um des Himmelreiches gewürdigt zu werden.

Markusliturgie [28]

Gott, du kennst uns besser, als wir uns selber kennen. Du weißt, wie sehr wir der Änderung und Umkehr bedürfen.
Aber du trittst nicht mit Gewalt an uns heran oder mit List. Du kommst zu uns mit deinem Wort – deinem offenen und guten, deinem fordernden und heilenden Wort.
Gib, daß wir dir heute nicht ausweichen, daß wir uns öffnen und dein Wort annehmen: Jesus Christus, deinen Sohn, unseren Herrn und Gott, der in der Einheit des Heiligen Geistes mit dir lebt und herrscht in alle Ewigkeit.

Messbuch [29]

Gott, dein Wort bringt Licht und Freude in die Welt. Es macht das Leben reich, es stiftet Frieden und Versöhnung. Gib, daß wir es nicht achtlos überhören. Mach uns aufnahmebereit. Bring dein Wort in uns zu hundertfältiger Frucht. Darum bitten wir durch Jesus Christus.

Messbuch [30]

Herr Jesu Christe,
bitte für dein Volk,
erlöse uns zur rechten Zeit,
bewahre in uns den rechten,
wahren christlichen Glauben,
versammle deine weit getrennten Schafe
durch deine Stimme,
in der Schrift dein göttlich Wort genannt!
Hilf uns,
daß wir diese deine Stimme erkennen
und keinem anderen Lockruf folgen,
der Menschenwahn ist,
auf daß wir, Herr Jesu Christe,
nimmer vor dir weichen!

Albrecht Dürer [31]

Ewiger, barmherziger Gott,
der du der Gott des Friedens
und nicht der Zwietracht bist.
Erbarme dich deiner Kirche,
die in deinem Dienst zertrennt ist,
und gib, daß wir in Christus
und in der Wahrheit deines heiligen Wortes
die Einheit suchen,
damit wir mit einem Geist
und mit einem Munde
dich, den Vater unseres Herrn Jesus Christus,
preisen.

Lancelot Andrewes [32]

Herr, im Anfang hat dein allmächtiges Wort die Welt erschaffen. Wir aber leben nun und antworten dir in Anbetung und Dank.
Im Gang der Zeiten hast du durch deine Boten gesprochen und deine Wahrheit uns kundgetan. Doch als die Zeit sich erfüllte, kam dein ewiges Wort, Christus, der Herr, und hat deine Liebe geoffenbart. Durch ihn steht nun unsre Hoffnung zu dir für Zeit und Ewigkeit.
Gib, daß dein Wort unsern Geist ergreife. Daß wir die heilige Wahrheit lieben und deinem Willen gehorsam seien. Herr, von der Kälte des Herzens erlöse uns. Von Trägheit, Zweifel und Trotz befreie uns. Laß deine Liebe uns inne werden, und deinen Frieden schenke uns. Lenke dein Wort zu denen, die es noch nicht vernommen. Tu das Ohr ihres Herzens auf, daß sie verstehen und Anteil haben an deinem Reich.
Doch wir, zu denen dein Wort gesprochen, sind in Weg und Meinung geteilt, und unsere Spaltung beleidigt die heilige Botschaft. Du willst, der Glaube soll einig sein, wie deine Wahrheit nur eine ist. Gib uns den Schmerz

über all die Verwirrung. Laß uns die Macht deiner Wahrheit erfahren, daß wir einigen Sinnes werden in ihm, den du gesandt hast, Christus.
Lehr uns, einander in Ehren zu halten. Deine Gnade sei mächtiger als alles Ärgernis, das wir gegeben haben. Tu unsere Augen auf, daß wir sehen, wo unser Reden und Tun der Einheit im Wege steht. Hilf uns überwinden, was uns trennt.
Am letzten Abend vor seinem Tod hat dein Sohn gebetet, daß alle eins miteinander werden, so wie du eins bist mit ihm und er mit dir.
Gib seiner Bitte Erfüllung, o Vater, denn deiner Gnade ist nichts zu schwer.

Romano Guardini [33]

Vater, vollende dein bewahrendes Werk, indem du uns heiligst in der Wahrheit. Denn Jesus Christus hat sich für uns geheiligt – er hat sich für uns geopfert. Das Opfer ist der große Schritt aus der Finsternis der Welt und ihres Bruderhasses in das Licht deiner Liebe.

So nehmen wir an der Hingabe seines Lebens teil, indem wir unser Leben für die Brüder hingeben; indem wir nicht für uns da sind, sondern für sie; indem wir ihnen den Sklavendienst der Fußwaschung leisten. Die Bruderliebe ist die Vorübung und der Beginn unseres Sterbens mit deinem Sohn; in ihr wirkt das Opfer unseres Lebens schon jetzt.

Heilige uns in der Wahrheit: im heiligen Raum des Offenbarungswerkes Jesu Christi; denn diese Wahrheit ist in ihrer klaren Reinheit entgegengesetzt allem selbstsüchtigen Nicht-opfern-Wollen, das sein Leben behalten will.

Du läßt uns als Getaufte gnadenhaft teilnehmen am königlichen Priestertum Jesu Christi – so nimm unser Leben in sein Opfer hinein durch die Liebe. Denn er hat uns in die Welt gesandt, wie du ihn in die Welt gesandt hast

– wie du ihn in sie heineingegeben hast bis zum Tode des Kreuzes.
Heiliger Herr, gib uns die Ehrfurcht, die Worte Jesu mitzusprechen. Wir verstehen sie vielleicht mit dem Verstand, aber noch nicht mit dem Herzen. Brich du unsere verschlossenen Herzen auf, damit wir geheiligt seien in Wahrheit. Zieh uns an sein Kreuz zur Rettung der Welt, damit durch seine und unsere Lebenshingabe die Einheit werde, die deine Liebe verherrlicht.

Wilhelm Thüsing [34]

Herr, unser Gott,
höre auf das Gebet deines Volkes.
Gib, daß alle Gläubigen
in gemeinsamer Buße sich zu dir bekehren
und gemeinsam dein Lob verkünden,
damit die Spaltung der Christenheit
ein Ende nimmt
und wir in voller Kirchengemeinschaft
das Reich deines Sohnes erwarten,
der in der Einheit des Heiligen Geistes
mit dir lebt und herrscht in alle Ewigkeit.

Messbuch [35]

Gütiger Gott.
Bei dir ist Freude über jeden Menschen, der umkehrt und Buße tut. Denn du bist der Vater, der für alle ein Herz hat. Laß uns darauf vertrauen und deinem Ruf folgen.
Hilf uns, daß auch wir einander vergeben, wie du uns vergibst.
Darum bitten wir durch Jesus Christus.

Messbuch [36]

Für die geringe Beachtung, die wir dem Wort beigemessen haben, das von deinem göttlichen Herzen ausging: „Ich habe noch andere Schafe, die nicht aus diesem Stall sind; auch sie muß ich führen, und sie werden auf meine Stimme hören."
– *Wir bitten dich um Verzeihung, Herr. ...*
Für das schlechte Beispiel unseres Verhaltens, durch das wir die Wirkung der Gnade in den Herzen unserer christlichen Brüder und Schwestern verzögert, gemindert oder zerstört haben.
– *Wir bitten dich um Verzeihung, Herr.*
Für das Vergessen des häufigen, glühenden, brüderlichen Gebetes für sie.
– *Wir bitten dich um Verzeihung, Herr ...*
O Gott, zum Sieg des Guten und der Wahrheit:
– *Bringe die zerstreuten Christen zusammen.*
O Gott, damit nur eine einzige Herde und ein einziger Hirte seien:
– *Bringe die zerstreuten Christen zusammen.*

Paul Couturier [37]

Wir bekennen vor dir unsere Sünde und Zersplitterung, unseren Mangel an Liebe, Demut und an Dienstbereitschaft. Wir bekennen unseren Stolz, der unsere Schande ist, und unsere Eigenmächtigkeiten, die uns zu Sklaven unter fremder Herrschaft gemacht haben. Wir bitten sich, vergib uns unsere Schuld, wie wir vergeben unseren Schuldigern, mache uns frei in deiner Wahrheit, bereite uns zum Zeugnis, zum Dienst und zum Leiden, wie du uns führen willst.
Wir gedenken fürbittend aller derer, die um deines Namens willen leiden, mache sie und uns alle fröhlich in der Hoffnung, geduldig in Trübsal, anhaltend im Gebet. Laß uns Gestalt gewinnen in der Einheit, die uns in deiner Liebe geschenkt ist, auf daß die Welt glaube, daß du deinen Sohn als Herrn und Heiland gesandt hast.
Dies alles bitten wir durch Jesus Christus, unseren Herrn.

Nyborg-Konferenz 1959 [38]

Herr Jesus Christus, der du am Abend vor deinem Tod gebetet hast, daß alle deine Jünger eins seien, wie der Vater in dir und du in ihm, laß uns die Schuld unserer Zerrissenheit schmerzlich empfinden.
Hilf uns aufrichtig erkennen, wieviel Gleichgültigkeit, Mißtrauen und Feindseligkeit wir gegeneinander im Herzen tragen, und gib uns den Mut, uns davon frei zu machen.
Verleihe uns, daß wir uns alle in dir begegnen, auf daß von unsern Herzen und Lippen unablässig dein Gebet aufsteige um die Einheit, die du willst, nach der Weise, die dir gefällt.
In dir, der du selbst die Liebe bist, laß uns den Weg finden, der zur Einheit führt, im Gehorsam gegen deine Liebe und Wahrheit.

Ökumenisches Zentrum „Unité Chrétienne", Lyon [39]

Du bist unser Schöpfer, Herr der ganzen Welt. Du hast uns diese Welt anvertraut, doch wir haben Mittel und Wege geschaffen, sie zu zerströren. – *Kyrie eleison.*
Du hast die Erde gefüllt mit allem, was wir brauchen, damit wir einander dienen und füreinander sorgen, wie du für uns gesorgt hast; doch wir haben nur dafür gesorgt, unserem eigenen Reichtum und unserer Macht zu dienen. – *Kyrie eleison.*
Du hast deine Kinder aus einem Blut geschaffen, damit sie in Freude als Familie miteinander leben; doch wir haben die Rassen verbittert und die Völker voneinander getrennt.
– *Kyrie eleison ...*
Du hast uns in der Wahrheit geheiligt und dazu bestimmt, eins zu sein in der Einheit des Vaters und des Sohnes durch die Kraft des Heiligen Geistes. Doch wir haben deine Kirche gespalten und deine Wahrheit verhüllt.
– *Kyrie*

Vollversammlung der Konferenz Europäischer Kirchen 1992
[40]

Gott, du bist die vollkommene Einheit
und die wahre Liebe.
Gib, daß alle, die an dich glauben, ein Herz und eine Seele sind.
Stärke die Eintracht in deiner Kirche, die auf das Bekenntnis der Wahrheit gegründet ist, damit sie in der Einheit feststeht und ihr Leben sich entfaltet.
Darum bitten wir durch Jesus Christus.

Messbuch [41]

Gott, unser Vater.
Du gibst dich uns Menschen zu erkennen im Schicksal Jesu von Nazaret. Als er von allen verlassen war, hast du ihn durch Leiden und Tod hindurchgeführt zum Leben.
Laß uns glauben und vertrauen, daß auch wir in aller Bedrängnis und Not unterwegs sind zu dir mit unserem Herrn Jesus Christus, der in der Einheit des Heiligen Geistes mit dir lebt und herrscht in alle Ewigkeit.

Messbuch [42]

O Herr, allmächtiger Gott! Du hast uns durch deinen Geist in der Einheit des Glaubens zu deinem einen Leib gemacht. Du hast deinem Leib geboten, dir Lob und Dank zu sagen für das Gnadengeschenk, daß du deinen eingeborenen Sohn, unseren Herrn Jesus Christus, für unsere Sünden in den Tod gegeben hast.
Verleihe uns, daß wir das so getreu tun, daß wir durch keine Heuchelei oder Falschheit die untrügliche Wahrheit verletzen. Verleihe uns auch, daß wir ohne Schuld leben, so wie es deinem Leib, deiner Familie und deinen Kindern geziemt, damit auch die Ungläubigen deinen Namen und deine Ehre erkennen lernen. Herr, behüte uns, daß dein Name und deine Ehre niemals auf Grund unseres Lebens geschmälert werden.
Herr, mehre immerfort unseren Glauben, unser Vertrauen in dich, der du lebst und herrschest, Gott in Ewigkeit.

Huldreich Zwingli [43]

Herr, wir danken dir für dein Wort, dadurch wir deinen Willen erkennen können und immer von neuem wissen, daß du deine Kirche niemals verlassen wirst, selbst wenn sie schwach und unfähig ist, dir überallhin zu folgen. Du rufst die Menschen zum Glauben und sammelst sie aus allen Völkern, Klassen und Ländern. Du erkennst die Grenzen nicht an, die wir untereinander aufgerichtet haben, sondern beseitigst sie durch deinen Sohn Jesus Christus. Du bist der Überwinder aller Grenzen, aller Gegensätze und allen Unverständnisses, die die Glieder am Leibe deines Sohnes Jesu Christi voneinander trennen.
Gib uns, Herr, daß wir verstehen, im Lichte der Auferstehung und nicht im Tode unserer Fehler und Sünden zu leben. Laß nicht zu, daß wir unter der Last unserer Unwürdigkeit verharren, sondern verleihe uns die Freude des Glaubens, damit wir dir in der Freiheit deiner Kinder folgen können.

Carlo Gay [44]

Wir glauben, daß wir bei unseren Begegnungen mit Christen aus anderen Traditionen nichts zu befürchten haben.
Denn wenn wir einander in einem Geist der Demut und Offenheit begegnen, entdecken wir, daß wir viel gemeinsam haben, daß wir Reichtümer zu empfangen haben, daß wir Gaben zu teilen haben und daß wir einander brauchen.
Wir glauben, daß unsere Spaltungen im Widerspruch zur Schrift stehen. Wir freuen uns, daß uns der Heilige Geist in der Liebe zusammenführt, um durch die Einheit des Leibes Christi die neue Gemeinschaft zu offenbaren, die Gott für alle Menschen und die ganze Schöpfung bereithält.

Kommission für „Glauben und Kirchenverfassung" [45]

Wir danken dir, gütiger Vater,
und preisen dich,
denn durch die Frohe Botschaft
deines Sohnes hast du Menschen
aus allen Völkern und Sprachen
vereint in der Gemeinschaft der Kirche.
Durch sie, die aus der Kraft deines Geistes
lebt, führst du alle Menschen zur Einheit.
So bezeugt die Kirche deine Liebe
und schenkt allen die Hoffnung
auf ewige Vollendung.
Sie wird zum Zeichen deiner Treue,
die du uns für immer versprochen hast
in unserem Herrn Jesus Christus.
Darum rühmen dich Himmel und Erde,
und mit der der ganzen Kirche
singen wir das Lob deiner Herrlichkeit.

Messbuch [46]

Herr, unter der unerträglichen Last, die die Trennungen zwischen den Christen hervorrufen, leidet mein Herz. Ich vertraue auf dich, Christus, der du die Welt überwunden hast. Das Wesen der Liebe besteht ja darin, ein festes Vertrauen zu dem zu wecken, den man liebt. Mein Vertrauen zu dir ist grenzenlos und besteht zu Recht; denn du bist der Allmächtige ... Mein Vertrauen zu dir wirft mich an dein Herz, wo ich dein Gebet finde: „Vater, daß sie eins seien, damit die Welt erkenne, daß du mich gesandt hast. Vater, daß sie in der Einheit vollendet werden." ... Wann und wie wird die Einheit kommen? Das ist deine Sache. Mein Glaube kann mir nichts anderes befehlen, als mit dir und in dir zu beten, damit deine Einheit zu uns komme, deine Einheit, die du immer gewollt hast und nach der du immer trachtest und die du auch jetzt vorbereitest, deine Einheit, die du schon längst verwirklicht hättest, wenn wir alle, alle und auch ich, durchsichtiger Kristall für alle deine Gaben gewesen wären.

Paul Couturier [47]

O Herr! Du hast uns berufen,
in allen Völkern deine Zeugen zu sein.
Erbarme dich über uns,
die wir deinen Willen gekannt haben,
aber verfehlten, ihn zu erfüllen.
Reinige uns von Unglauben und Trägheit
und erfülle uns mit Hoffnung und Eifer,
damit wir dein Wort verkünden
und dein Kreuz tragen,
deiner Zeit entgegenharren
und deine Herrlichkeit sehen,
der du mit dem Vater
und dem Heiligen Geist
ein Gott bist in alle Ewigkeit.

Kirche von Südindien [48]

Herr, lieber Herr! O du starker, heiliger, barmherziger Herr! ... Erwecke durch dein Wort die Hoffnung, die über alles triumphiert. Erwecke das Erbarmen, das die Not des Nächsten zu seiner eigenen macht.
– *Herr, wir rufen zu dir: Herr, erbarme dich!*
Sieh an, was an all denen geschieht, die du selbst deine geringsten Brüder nennst: die Entrechteten, Enteigneten und Gefangenen. Wir bitten dich für die Brüder und Schwestern, die um deines Namens willen leiden. Mach uns mit ihnen gewiß, daß uns nichts und niemand deiner Hand entreißen kann und daß du uns noch kennst, wenn wir allen Menschen unkenntlich geworden sind.
– *Herr, wir rufen zu dir: Herr, erbarme dich!*
Der du dieser Welt ein Ende bestimmt hast, um dein ewiges Reich heraufzuführen, laß uns über Leben und Tod hinweg unsere Hoffnung auf dich richten, der du kommen wirst in deiner Herrlichkeit, auf daß alle, die auf dich warten, sich deiner Herrschaft freuen.
– *Ja, komm, Herr Jesu.*

Bekennende Kirche [49]

Wo Güte und Liebe, da wohnet Gott.
Christi Liebe hat uns geeint,
laßt uns frohlocken und jubeln in ihm!
Fürchten und lieben wollen wir
den lebendigen Gott
und einander lieben aus lauterem Herzen.
– Wo Güte und Liebe, da wohnet Gott.
Da wir allesamt eines geworden,
hüten wir uns, getrennt zu werden im Geiste!
Es fliehe der Streit, böser Hader entweiche;
in unserer Mitte wohne der Herr.
– Wo Güte und Liebe, da wohnet Gott.
Christus spricht zu den Seinen:
Wo zwei oder drei
in meinem Namen versammelt sind,
da bin ich mitten unter ihnen.
– Wo Güte und Liebe, da wohnet Gott.
So laßt uns Gott anhangen aus ganzer Seele,
und nichts soll stehen vor seiner Liebe.
Laßt uns in Gott dem Nächsten gut sein
wie uns selbst
und Gottes wegen lieben auch den Feind.
– Wo Güte und Liebe, da wohnet Gott.

Messbuch [50]

Wir danken dir, allmächtiger Gott, daß du uns durch deinen eingeborenen Sohn aus der Knechtschaft der Welt und der Tyrannei des Teufels und des Todes losgekauft hast.
Gib, daß wir dich als unseren Befreier anerkennen und uns dir völlig zu eigen geben.
Laß uns einander dienen und in gegenseitiger Hilfeleistung brüderliche Liebe pflegen, damit man sehen kann, daß du wirklich bei uns der Herr bist und wir alle unter deiner Herrschaft stehen als Knechte Jesu Christi, unseres Herrn.

Johannes Calvin [51]

Heiliger Vater, vergib uns, was wir gegeneinander gefehlt haben.
Es ist so wenig Einigkeit, so viel Zertrennung und Mißtrauen unter uns.
Laß den Geist der Liebe und des Vertrauens in unseren Gemeinden eine Macht werden, damit wir Gemeinschaft mit lauterem Herzen pflegen mögen und eins werden als Brüder und Schwestern, wie es dir gefällig ist.
Schenke uns Liebe, zerbrich die Mauern, die uns trennen; gieß deine Liebe in unsere Herzen aus, damit wir in deinem Licht Gemeinschaft miteinander haben.
Gib uns Liebe, damit die Welt durch unsere Einheit dich erkenne.
Mach uns bereit zum Opfer zur Ehre deines Sohnes Jesus Christus und den Menschen zum Heil.

Ökumenischer Rat der Kirchen [52]

Vater im Himmel,
wir danken dir, daß du uns berufen hast,
in deiner Kirche verbunden zu sein
als Glieder an einem Leibe,
dessen Haupt Jesus Christus ist.
Als Schwestern und Brüder
stehen wir vor deinem Angesicht
und bitten dich:
Lehre uns, wie wir einander dienen können,
ein jeder mit der Gabe, die er empfangen hat,
verbinde unsere Herzen
in der Einigkeit des Glaubens,
zerbrich die Mauern,
die wir immer aufs neue aufrichten,
gib, daß wir dich einmütig anrufen
und füreinander bitten,
daß niemand das Seine suche
oder des Nächsten vor dir vergesse,
daß wir abtun allen Haß,
Neid und Zwietracht
und als die wahren Gotteskinder
einander lieben.
Dein Reich komme!

Karl Bernhard Ritter [53]

O Gott, wir sind eins mit dir. Du hast uns eins gemacht mit dir. Du hast uns gelehrt, daß du in uns wohnst, wenn wir füreinander offen sind. Hilf uns, diese Offenheit zu erhalten und für sie mit unserem ganzen Herzen zu kämpfen. Hilf uns zu begreifen, daß es kein Verstehen gibt, wo man sich gegenseitig ablehnt. O Gott, indem wir einander mit ganzem Herzen, mit allem, was wir haben, annehmen, nehmen wir dich an, und wir danken dir, und wir beten dich an, und wir lieben dich mit unserem ganzen Sein, denn unser Sein ist in deinem Sein, unser Geist in deinem Geist. Erfülle uns mit Liebe und laß uns in Liebe verbunden sein, wenn wir jetzt unserer Wege gehen, vereint in diesem einen Geist, in dem du in der Welt lebendig bist, der dich zum Beweis jener letzten Wirklichkeit macht, die Liebe ist. Liebe hat es geschafft. Liebe hat gesiegt.

Thomas Merton [54]

Schenke brüderliche Liebe
unter den Gliedern aller Konfessionen
und Kreise deiner Christenheit.
Schenke brüderliche Liebe
in den kleinen Zellen des Lebens
in Familie, Beruf und Gemeinde.
Wir bitten um Einigung da,
wo Zertrennung und Streit ist.
Laß siegen den Geist der demütigen Liebe,
durch die der eine den anderen höher achtet
als sich selbst,
weil du, Herr Jesus, in ihm wohnst.
Schenke uns allen
das Ernstnehmen deiner letzten Bitte,
daß wir alle eins seien,
um des Leidens deines Herzens willen.

Jesusbruderschaft [55]

Herr, wir stehen vor dir, nicht allein,
sondern wir begleiten einander.

Wir teilen unser Glück miteinander –
und es wird größer.

Wir teilen unsere Sorgen miteinander –
und sie werden kleiner.

Wir tragen einer des anderen
Kummer und Last –
und ihr Gewicht wird erträglich.

Mögen wir nie zu geizig sein, um zu geben,
oder zu stolz, um zu nehmen.

Denn im Geben wie im Nehmen
lernen wir zu lieben und geliebt zu werden,
finden wir den Sinn des Lebens,
das Geheimnis des Daseins –

und entdecken dich.

Terry C. Falla [56]

Durch deine Güte suche uns heim, o Herr, und zeige dich uns im Reichtum deiner Erbarmungen.
Verleihe uns eine wohlbeschaffene und zuträgliche Luft, schenke der Erde Regen zur Fruchtbarkeit, und segne den Kranz des Jahres deiner Güte.
Beseitige die Spaltungen der Kirche, dämpfe den Übermut der Heiden und beendige durch die Kraft des Heiligen Geistes den Aufruhr der Häresien.
Nimm uns alle in dein Reich auf und zeige uns als Söhne des Lichtes und Kinder des Tages und schenke uns, o Herr unser Gott, deinen Frieden und deine Liebe; denn du hast uns alles gegeben.
Und gib uns, mit einem Munde und mit einem Herzen deinen hochverehrten und erhabenen Namen zu verherrlichen und zu preisen, den Namen des Vaters, des Sohnes und des Heiligen Geistes, jetzt und allezeit und in alle Ewigkeit.

Basiliusliturgie [57]

Gott, Vater unseres Herrn Jesus Christus,
der unser einziger Erlöser ist,
der Friedensfürst:
Gib uns die Gnade, daß wir uns die Gefahren
ernstlich zu Herzen nehmen,
in die wir durch unsere Spaltungen
geraten sind.
Nimm hinweg
alle Vorurteile und jedes Machtstreben
und was immer uns sonst von der Einheit
und Eintracht in dir fernhalten kann.
Es ist nur *ein* Leib und *ein* Geist,
eine Hoffnung gemäß unserer Berufung,
die wir empfangen haben,
ein Herr, *ein* Glaube, *eine* Taufe,
ein Gott und Vater unser aller.
So laß uns alle eines Herzens
und eines Sinnes sein,
verbunden durch das eine heilige Band
der Wahrheit und des Friedens,
des Glaubens und der Liebe,
und dich einmütig und einstimmig preisen.
Durch Jesus Christus, unsern Herrn.

Common Prayer Book [58]

Herr, ich bitte dich aus ganzem Herzen für den großen Aufbruch der Ökumene ... Laß die Menschen dem Anruf deines Geistes gehorsam sein! Laß nicht zu, daß unsere Bosheit und Herzensenge das zerstöre, was du in deiner unfaßlichen Güte uns zu unserem Heile geschenkt hast!
Herr, schenke in Überfülle Licht und Erkenntnis und Liebe ... allen, welche die christliche Einheit ersehnen, allen, welche für sie beten und arbeiten.
In jeder einzelnen christlichen Gemeinschaft rüttle du den geistlichen Lebensgrund auf, wirke du die Erneuerung, die in die Tiefe geht! Dein Geist überwinde alle Widerstände!

Paul Couturier [59]

Herr, unser Gott! Wir beten für alle Glieder deiner Kirche und für alle, die zu ihr gehören, wo immer sie sich finden in dieser Welt. Du hast die Kirche deinen Leib genannt, deine Braut, dein Haus, deine Herde, deinen Weinberg. Wir bitten dich, heiliger Vater, für dieses Werk deines lieben Sohnes, die Frucht seines Sterbens, denn durch seinen Tod hat die Kirche ihr Leben.

Wir beten für das Wachstum der Kirche: daß alle Völker bis zu den äußersten Enden der Welt in ihr versammelt werden und alle, die dich nicht kennen, zur Erkenntnis der Wahrheit gelangen; daß die Kirche ihren Dienst ausrichte, der Welt dein Wort zu verkünden; daß ihre Grenzen sich weiten und ihre Schar größer werde.

Wir beten für die Einheit der Kirche: daß alle, die durch deinen Namen gerufen sind, Herr Jesus, eins seien, wie du und der Vater und der Heilige Geist eins sind: denn es ist nur *ein* Glaube, *ein* Herr, *eine* Taufe, *ein* Gott und Vater unser aller.

Wir beten für die Reinheit der Kirche: daß sie das Salz der Erde sei, die Welt erneuere und

reinige, die Macht des Satans zerstöre und in Heiligkeit dem Herrn ein heiliges Volk bereite.
Wir beten für den Frieden der Kirche: daß sie der Welt Frieden bringe und dein Werk des Friedens erfülle, denn du hast den Frieden verkündet denen, die fern sind, und denen, die nahe bei dir wohnen: Du hast uns deinen Frieden gelassen.
Wir beten für die Lehre der Kirche: daß sie rechte und gesunde Lehre sei und den Geist der Wahrheit bewahre. Wir beten für alle Zweige dieses Baumes, für alle Glieder deines Leibes, für alle Schafe deiner Herde, für alle Brüder und Schwestern in deinem Hause, für die ganze Gemeinde derer, die da glauben, für alle, die mit deinem Namen genannt werden, o Christus.
Wir beten, daß alle Wunden geheilt werden, daß alles Zerrissene vereinigt werde, daß die Irrtümer zerstört und alle Menschen gerettet werden durch Jesum Christum, unseren Herrn.

1. Vollversammlung des ÖRK, Amsterdam 1948 [60]

Gott, Urgrund und Kraft aller Einheit, wir rufen dich an und bitten dich, daß du den voneinander getrennten christlichen Kirchen diejenige Einheit schenken mögest, die dem Willen unseres Herrn Jesus Christus entspricht. Wir wissen zwar, daß wir selber alles uns Mögliche tun müssen, damit diese Einheit Wirklichkeit wird. ... Aber eben diese unsere Aufgabe ist dennoch das Geschenk deiner Gnade, die allein das Wollen und das Vollbringen dieser Einheit schenken kann. Und darum kann all unser Bemühen doch nur immer wieder mit dem Gebet beginnen: Gib, was du von uns verlangst ... Gib uns, heiliger und barmherziger Gott, den vollen Willen zur Einheit, die du von uns forderst, und wenn unser Herz uns anklagt, zu wenig von dem machtvollen Geist der Einheit zu besitzen, dann dürfen wir dennoch hoffen, daß diese unsere sündige Schwachheit umfangen bleibt von deiner Vergebung und jener Einheit der Christen, die du uns schon geschenkt hast.

Karl Rahner [61]

Vater, Sohn und Heiliger Geist, ein Gott, in vollkommener Gemeinschaft, sieh auf uns herab, die wir zu dir emporsehen.
– *Und erhöre unsere Bitten für unsere Gemeinschaft.*
Wo Falschheit herrscht,
– *hülle sie in deine Wahrheit ein.*
Wo Kälte herrscht,
– *zünde die Flamme deiner Liebe an.*
Wo Freude und Hoffnung herrschen,
– *mach uns frei, sie miteinander zu teilen.*
Wo es etwas gibt, das wir für andere tun können,
– *laß uns nicht ruhen, bis es geschehen ist.*
Und laß uns eins werden,
– *so wie du eins bist.*

5. Weltkonferenz für „Glauben und Kirchenverfassung" 1993 [62]

Gott und Vater unseres Herrn
Jesus Christus,
im Neuen Bund
berufst du Menschen aus allen Völkern
und führst sie
im Heiligen Geist zur Einheit zusammen.
Gib, daß deine Kirche
ihrer Sendung treu bleibt,
daß sie ein Sauerteig ist für die Menschheit,
die du in Christus erneuern
und zu einer Familie umgestalten willst.

Messbuch [63]

Gott, du willst, daß deine Kirche
ein Zeichen des Heils unter den Völkern sei
und das Werk Christi
bis zum Ende der Zeiten fortführe.
Erwecke in allen, die glauben,
die wache Sorge für das Heil der Menschen,
damit aus allen Völkern
ein heiliges Volk wird.

Messbuch [64]

Herr Gott, wir danken dir für die ganze menschliche Familie: für die Menschen anderen und keines Glaubens, besonders für unsere Freunde und Nachbarn; für die reiche Vielfalt menschlicher Erfahrungen und Gaben, die wir einander entgegenbringen, wenn wir zusammenkommen im Geist des Einander-Annehmens und der Liebe; für den Dialog in Gemeinschaft, für gegenseitige Bereicherung und wachsendes Verständnis; für Bewegungen, die sich für die legitimen Rechte von Personen jeder religiösen Überzeugung einsetzen und sie stärken. Wir bitten dich, daß Menschen jeden Glaubens die Freiheit gewinnen, ihre Überzeugung unbescholten zum Ausdruck zu bringen und in Demut aufeinander zu hören; daß die Kirche ein versöhnendes Amt ausübt in einer Welt, die durch Mißtrauen und Mißverständnis getrennt ist, und heilende Kraft dorthin bringt, wo religiöse Unduldsamkeit menschliche Gemeinschaft zerstört.

6. Vollversammlung des ÖRK, Vancouver 1983 [65]

O Gott, Arzt der Menschen und Völker,
Erneuerer der zerstörten Jahre.
Schau auf die Spaltungen der Welt,
und vollende bitte
das Werk deiner heilenden Hand.
Zieh alle Menschen zu dir
und zueinander hin
durch die Bande deiner Liebe.
Mach deine Kirche einig,
und erfülle sie mit deinem Geist,
damit sie durch deine Macht
die Welt zu einer geheiligten Bruderschaft
der Völker vereine,
in der Gerechtigkeit, Gnade und Glaube,
Treue und Freiheit blühen
und du allezeit verherrlicht wirst
durch Jesus Christus, unseren Herrn.

Kirche von Schottland [66]

Allmächtiger Gott, unser Vater, von dem jede Gemeinschaft im Himmel und auf Erden herrührt, höre unser Gebet für deine Kinder in anderen Ländern, die inmitten von Kampf und Tod leben, die an Seele und Leib Wunden tragen durch die Unmenschlichkeit der Menschen. Habe Erbarmen mit ihnen und halte sie aufrecht in ihren finsteren Stunden der Prüfung und Versuchung. Vergib uns unsere Gleichgültigkeit und Glaubenslosigkeit, in der wir es nicht fertigbringen, den Völkern einen besseren Weg als Streiten zu lehren. Reinige unsere Herzen von rassischer und nationaler Streitsucht.

Gott der Liebe, zieh uns so nahe zu dir, daß wir durch deine Gnade in den Stand gesetzt werden, für unsere Feinde zu beten wie Christus selbst, um allen Groll von uns zu tun und die Einflüsterungen des Hasses zu überwinden ...

Mache unsere Herzen weit, daß wir dem Leiden und der Not Einhalt tun, ohne die Kosten zu rechnen.

Bundesrat der amerikanischen Kirchen [67]

Wir danken dir, daß du deine Kirche gesammelt hast in aller Welt, und daß wir darum dich gemeinsam anrufen, preisen und loben und miteinander auf dein Wort hören dürfen, daß du uns durch dein heiliges Wort und die heiligen Sakramente stärkst und durch die Gaben deiner Gnade, die du deiner Kirche geschenkt hast, reicher und im Glauben gewisser machst. Wir bitten dich: vergib uns alle unsere Sünde, allen Mangel an Gehorsam, Demut und Liebe. Vergib uns, daß wir die Brüder nicht immer geliebt haben, wie wir sollten, und daß wir uns aus Furcht oder aus Stolz von der Welt getrennt haben, in der wir dich durch unseren freudigen Dienst bekennen sollten. Vergib uns auch, daß wir den leichten Weg gewählt haben, wo wir den Kampf oder die Bedrückung hätten auf uns nehmen sollen, daß wir aus Vorsicht geschwiegen haben, wo wir deine Wahrheit hätten bezeugen sollen, daß wir ängstlich gewesen sind, wo wir tapfer hätten bezeugen sollen. Wir bitten dich, erneuere uns alle durch deinen Heiligen Geist, damit deine Kirche, die Grundfeste und Säule der Wahrheit, in allen Ländern Europas und auch in aller Welt deinen Namen preise und in einem gläubigen und freudigen Gehorsam dich verherrliche. Vor allem gedenken wir vor deinem Angesicht aller derer, die um deines Namens willen leiden. Bewahre sie durch deinen Geist und erhalte sie in deiner Nähe, damit sie auch im Leiden geduldig und voller Hoffnung sind und gerne tun, was ihnen um deinetwillen zu wirken möglich ist. Erbarme dich der Völker in dieser Zeit der Unsicherheit, Gefahr und Angst, und hilf, daß auch durch den Dienst deiner Kirche der Friede, der höher ist als alle Vernunft, wachsen und kräftig werden möge, bis dein lieber Sohn dereinst als der Friedensfürst wiederkommen wird und wir leben dürfen in deinem ewigen Frieden. Wir bitten es um Jesu Christi, unseres Herrn, willen.

Nyborg-Konferenz 1960 [68]

Gott, unser Vater,
gieße die Gnade deines Geistes
von neuem über uns aus,
damit wir unserer Berufung würdig leben
und vor allen Menschen
für deine Wahrheit Zeugnis ablegen.
Hilf uns, daß wir voll Zuversicht
nach der Einheit aller Christen
und nach der Gemeinschaft
in der einen Kirche streben.

Messbuch [69]

Gott und Vater aller Menschen.
Du willst, daß wir in deinem Namen
Frieden bringen, wo Zwietracht herrscht,
Glauben wecken, wo Zweifel um sich greift,
die Hoffnung beleben,
wo Traurigkeit die Menschen lähmt.
Hilf uns,
daß wir deine Liebe bekannt machen.
Darum bitten wir durch Jesus Christus.

Messbuch [70]

Allmächtiger Gott, in dir ist Versöhnung, Friede und Eintracht. Wir bitten dich, überwinde du die Klüfte, die deine Kinder voneinander trennen, und mache sie fähig, zu bewahren die Einheit des Geistes durch das Band des Friedens. In allen Unterschieden der Erkenntnis und des Glaubens und in aller Verschiedenheit unseres Denkens bringe du uns zusammen in brüderlicher Liebe und in der Hingabe an deinen heiligen Willen. Mache uns frei von aller Blindheit und von allem Vorurteil, von aller Ungeduld und bösen Worten, auf daß wir mit unserem ganzen Wesen Zeugen werden der Macht und Herrlichkeit des Glaubens, den wir bekennen, zur Ehre deines heiligen Namens, durch Jesum Christum, unseren Herrn.

1. Vollversammlung des ÖRK, Amsterdam 1948 [71]

Herr Jesu Christe,
der du selbst die frohe Botschaft
unseres Heils bist,
verleihe deiner Kirche
neue Tiefen des Verstehens,
neue Hingabe an dich allein,
neue Klarheit der Äußerung,
damit ihre Glieder deine Sprache sprechen
und dein Leben führen
und deinem Reiche dienen.
So mögen dann alle Völker der Welt
auf dich blicken und selig werden.

Britischer Rat der Kirchen [72]

Allmächtiger Gott,
du hast die vielen Völker
durch gemeinsamen Ursprung
miteinander verbunden
und willst,
daß sie eine Menschheitsfamilie bilden.
Die Güter der Erde
hast du für alle bereitgestellt.
Gib, daß die Menschen
einander achten und lieben
und dem Verlangen ihrer Brüder
nach Gerechtigkeit und Fortschritt
entgegenkommen.
Hilf jedem, seine Anlagen recht zu entfalten.
Laß uns alle Trennungen nach Rasse,
Volk und Stand überwinden,
damit in der menschlichen Gesellschaft
Recht und Gerechtigkeit herrschen.
Darum bitten wir durch Jesus Christus.

Messbuch [75]

Gott, unser Schöpfer,
die Gegensätze in der Welt klagen uns an:
Reichtum und Not, Hunger und Überfluß,
Sorglosigkeit und Leid stehen gegeneinander.
Hilf du uns allen, daß wir aufhören,
die Gegensätze zu verschärfen,
und anfangen,
einander Brüder und Schwestern zu sein.

Messbuch [76]

Gott, unser Vater.
Bedrückt vom Elend unserer Zeit,
kommen wir zu dir.
Sieh auf die Not und Hilflosigkeit so vieler Menschen.
Laß sie an ihrem Schicksal nicht zerbrechen.
Stärke unter uns
das Bewußtsein der Verantwortung füreinander,
damit wir anfangen,
brüderlich zu teilen und einander beizustehn.

Messbuch [77]

O Herr Jesus Christus, der du deiner Kirche gebietest, alle Menschen zu dir zu bringen und die ganze Menschheit zu einer Familie in dir zusammenzuführen. Mache einem jeden von uns seinen Teil dieser Aufgabe klar. Entzünde unsere Herzen und Sinne mit dem Ausblick auf eine vollkommenere Gemeinschaft hier auf Erden, in welcher Gerechtigkeit und Recht, Friede und Bruderschaft nach deinem Willen herrschen.
Hilf jedem von uns, unseren Teil zu tun, daß dein Wille geschehe auf Erden wie im Himmel.

Internationaler Missionsrat [78]

Herr, unser Gott, wir bitten dich, reinige alle Herzen von Ungerechtigkeit und Selbstsucht und führe den Tag herbei, da dein Wille geschehe auf Erden wie im Himmel, und verleihe uns den Willen, daß wir uns selbst dir hingeben für die Aufrichtung deines Königreiches auf Erden. Herr Jesus Christus, der du, als du die Menge sahest, deinen Jüngern gesagt hast: „Gebt ihnen zu essen", gib du uns und deiner ganzen Kirche das Bewußtsein und das Gefühl für die Pflicht, die wir gegen die Armen und Hilfsbedürftigen haben. Um uns herum sind die Hungrigen, die Heimatlosen, die, die auf den Feldern und in den Fabriken arbeiten, die, denen gefahrvolle Aufgaben gegeben sind. Hilf du uns, daß wir nicht vergessen, daß wir von der Arbeit anderer leben. Hilf uns, daß wir mitten im Kampf der Klassen, in den Spannungen der Völker, in dem Vorurteil der Rassen dein gesegnetes Wort hören: „Was ihr getan habt einem unter diesen meinen Brüdern, das habt ihr mir getan."

Juhanon Mar Thoma, 1954 [79]

Herr, erbarme dich über uns! Herr, wir bekennen dir, daß wir Schuld haben am Hunger in der Welt und nicht genug tun, ihn zu stillen.
– *Vergib uns! Erneuere uns!*
Herr, wir bekennen dir, daß wir in Rassen und Gruppen denken und unversöhnlich bleiben.
– *Vergib uns! Erneuere uns!*
Herr, wir bekennen dir, daß wir zu bequem oder zu feige sind, die Lüge zu entlarven und bei der Wahrheit zu bleiben.
– *Vergib uns! Erneuere uns!*
Herr, wir bekennen dir, daß wir dein Volk, die Kirche, nicht lieb genug haben und zu wenig tun, es zu einen.
– *Vergib uns! Erneuere uns!*
Fürchte dich nicht, spricht Gott, denn ich habe dich erlöst. Ich habe dich bei deinem Namen gerufen. Du bist mein! Jesus Christus hat unsere Not ausgehalten. Er war hungrig und durstig wie wir.
– *Er ist der Bruder der Armen.*

Jesus Christus hat unsere Verachtung ausgehalten. Er war verachtet wie niemand von uns.
– *Er bringt uns zusammen.*
Jesus Christus hat unsere Unwahrheit ausgehalten. Unsere Verblendung hat ihn ans Kreuz gebracht.
– *Er ist der Weg und die Wahrheit.*
Jesus Christus hat unsere Zweitracht ausgehalten. Er hat für die Einheit der Kirche gebetet.
– *Er ist der Hirt seiner Herde.*

Evangelischer Kirchentag in Berlin, 1961 [80]

Herr, unser Gott, die Welt ist voll Elend und Not, voll Unrecht und Gewalt – in unserer Umgebung und dort, wohin unsere Augen nicht schauen.
Wir wissen es und wollen es doch nicht wahrhaben.
Wir sind bereit zu helfen, aber nur mit halbem Herzen.
Wir geben uns damit zufrieden, daß wir selbst unser Auskommen haben.
Der Gedanke an die Menschen, die hungern, die vom Unrecht bedrückt sind, die unter Gewalt und Krieg leiden, stört unsere Ruhe.
Wir bitten dich, Gott:
Schärfe unser Gewissen, öffne unsere Augen, daß wir sehen, wo unsere Hilfe gebraucht wird.
Mache uns bereit zum offenen Wort, zur entschlossenen Tat, zum wirklichen Opfer.
Stärke uns, wenn wir müde sind und verzweifeln.
Hilf uns, barmherzig zu sein, weil wir aus deiner Barmherzigkeit leben.

Christian Zippert [81]

Herr, du gebietest uns, mit deiner Liebe zu lieben, alles zu überwinden, was uns trennt, bis wir einander vergeben und uns einmütig zu dir wenden.

Du liebst die Geringsten unserer Brüder und Schwestern, wir beten für die Armen, die Bedrückten, für die Kranken, Sterbenden, Gefangenen, für die Einsamen, die Opfer des Krieges, der Ungerechtigkeit und der Unordnung und für alle, die leiden ...
Wir beten für alle Länder und für alle Nationen, für ihre Regierenden, damit sie für alle Frieden, Gerechtigkeit und Freiheit schaffen.
Wache über deiner Kirche, stärke ihren Glauben, ihre Hoffnung und ihre Liebe zu allen Menschen. Befreie sie von aller Nachgiebigkeit, schenke ihr den Wunsch, dir zu lobsingen, nach Einheit zu streben, für Gerechtigkeit zu kämpfen.
Herr, gebrauche uns. Wir sind hier, um deinen Willen zu tun.

10. Vollversammlung der Konferenz Europäischer Kirchen, Prag 1992 [82]

Herr, barmherziger Gott,
Heiliger, Mächtiger,
du bist Friede, Eintracht,
Lauterkeit und Güte.
Du bist der Vater und Herr all derer,
die Gedanken des Friedens hegen.
Gib uns Demut, Hoffnung
und festen Glauben!
Laß uns in deinem Geist der Bruderliebe
einander in lauterer Liebe begegnen,
die die Erfüllung aller Gesetze ist,
daß wir Söhne des Friedens
und der Einigkeit seien
und würdig der Seligpreisungen
deines eingeborenen Sohnes.
Durch ihn und mit ihm zugleich
sei dir Ehre und Macht,
wie auch dem Heiligen Geiste,
dem göttlichen, guten.

Cyrill von Jerusalem [83]

Herr, du bist der Gott des Friedens,
du bist der Friede selbst;
ein streitsüchtiges Herz versteht dich nicht,
ein gewalttätiger Sinn kann dich nicht fassen.
Gib, daß alle, die in Eintracht leben,
im Frieden verharren
und alle, die entzweit sind,
sich wieder versöhnen.
Darum bitten wir durch Jesus Christus.

Messbuch [84]

Gott, unser Vater.
Um deinen Frieden zu bringen in unsere Welt voll Spannung und Streit, ist dein Sohn zu uns gekommen und hat sein Leben eingesetzt. Er lebte nicht für sich, sondern gab sich dahin. Laß uns erfassen, was er getan hat. Hilf uns, mit ihm dem Frieden und der Versöhnung zu dienen, der in der Einheit des Heiligen Geistes mit dir lebt und herrscht in alle Ewigkeit.

Messbuch [85]

O Gott des Friedens! Durch deinen Sohn Jesus Christus hast du zur Erlösung der Menschheit einen Glauben gestiftet. Sende deine Gnade und himmlischen Segen auf das ganze christliche Volk, das danach strebt, dir und jedem andern näherzukommen in der Einheit des Geistes und dem Band des Friedens.
Gib uns den Mut, nur deine Ehre und den Fortschritt deines Königreiches zu suchen. Vereine uns alle in dir, wie du, o Vater, mit deinem Sohn und dem Heiligen Geist ein Gott bist, in alle Ewigkeit.

Kirche von Schottland [86]

Herr Jesus Christus! Wir werfen die Last unsrer eigenen Schuld auf dich und legen dir auch aller Menschen Sünde auf dein Herz, du großer Hirte deiner Schafe und Heiland aller Welt. Sammle deine Schafe, die noch nicht bei deiner Herde sind, damit es nur noch einen Hirten und eine Herde gebe; laß alle Völker Zugang zu deiner Kirche finden. Du hast den bittersten Tod erlitten, darum erlöse uns aus allen Nöten des Todes und der Sünde und nimm unsern Geist in Gnaden auf. Du hast die Qual der Gottverlassenheit getragen, darum mache uns in allen Anfechtungen gewiß, daß du uns von der höllischen Angst und Pein erlöst hast. Du bist unter die Übeltäter gerechnet und hast für sie gebetet: Darum bitten wir dich für alle, die der Verführung des Teufels erlegen sind. Du hast für deine Feinde gebetet, so überwinde alle deine Feinde durch deine grundlose Güte. Im Zeichen deines Kreuzes hast du den Frieden aufgerichtet, so versöhne doch die Völker untereinander und sei du selbst ihr Friede.

Reformierter Bund [87]

Laßt uns die Gegenwart des großen Erbarmens anrufen und unsere Herzen mit unserem eigenen Erbarmen füllen gegenüber uns und allen Lebenden ...

Laßt uns beten, daß es allen Lebenden zur Wirklichkeit wird, Brüder und Schwestern zu sein, die alle von der derselben Quelle des Lebens gespeist werden ...

Laßt uns beten, daß wir selbst aufhören, die Ursache von Leiden füreinander zu sein ...

Laßt uns selbst dafür eintreten, so zu leben, daß wir anderen nicht Luft, Wasser, Nahrung, Obdach oder die Lebenschance rauben ...

Laßt uns das Leben und das Leiden um uns herum bewußt wahrnehmen und darum bitten, daß Friede einkehre in unseren Herzen und auf Erden.

Thich Nhat Hanh, Vietnam [88]

Allmächtiger Gott, lieber himmlischer Vater! Wir sagen dir Lob und Dank, du Gott der Liebe und des Friedens, daß du uns unsern Heiland und Herrn gesandt hast, damit er unser Friede sei und uns mit dir versöhne in einem Leibe durch das Kreuz! Wir bitten dich: Laß deine Kirche in aller Welt einiger werden im Geist und in der Tat!
– *Herr, erhöre uns!*
Laß die Christenheit wieder lernen, um des Glaubens willen etwas zu wagen, und laß sie tiefer eindringen in den Geist Jesu Christi!
– *Herr, erhöre uns!*
Laß die Liebe der Jünger Jesu zu allen Menschen wachsen und zunehmen!
– *Herr, erhöre uns!*
Laß Leidenschaften und Vorurteile schwinden und laß Friede und Brüderlichkeit gestärkt werden! – *Herr, erhöre uns!*
Laß uns klarer erkennen, welches dein Wille ist und das Ziel Jesu Christi mit der Menschheit in unseren Tagen! – *Herr, erhöre uns!*

Adolf Deissmann [89]

Ehre sei dir, Gott in der Höhe,
du reicher, allmächtiger, ewiger Gott.
Ein armer, ohnmächtiger, sterblicher Mensch
bist du für uns geworden in Jesus,
dem Kind in der Krippe,
dem Mann am Kreuz,
unserem Bruder und Leidensgenossen.
Auf ihn schauen wir,
auf sein Wort hören wir,
im Glauben an ihn bitten wir dich
um Frieden auf Erden.
Um Frieden für die ganze Schöpfung,
die ausgeplünderte Erde,
das vergiftete Wasser, die verpestete Luft,
die bedrohte Tierwelt
und den sterbenden Wald.
Um Frieden für alle Völker,
die unzähligen hungernden, unterdrückten,
von Unglück, Gewalt und Krieg betroffenen,
verstörten, geängstigten,
gequälten Menschen.
Um Frieden für die Kirche in aller Welt,
die vielen suchenden, fragenden,
zweifelnden, besonders die
wegen ihres Glaubens verfolgten Christen.

Um Frieden für die Familien,
die gefährdeten und die gescheiterten Ehen,
die ratlosen Eltern
und die ungeliebten, unverstandenen
und verlassenen Kinder.
Um Frieden für die Kranken,
die körperlich und geistig Behinderten,
die der Sucht Verfallenen
und die einsam und
hoffnungslos Sterbenden.
Um Frieden für die Menschen,
die uns besonders anvertraut sind
und deren Namen wir in der Stille nennen: –
Um Frieden für uns selbst,
daß wir unsere Angst
und unsere Schwermut überwinden
und endlich werden, was wir sind:
deine Kinder, Gott, unser Vater,
Brüder und Schwestern Jesu,
Boten des Friedens in Wort und Tat.

Christian Zippert [90]

In Wahrheit ist es würdig und recht,
dir, allmächtiger Vater, zu danken
und dich mit der ganzen Schöpfung zu loben.
Denn du hast die Welt mit all ihren Kräften
ins Dasein gerufen
und sie dem Wechsel der Zeit unterworfen.
Den Menschen aber
hast du auf dein Bild hin geschaffen
und ihm das Werk deiner Allmacht
übergeben.
Du hast ihn bestimmt,
über die Erde zu herrschen,
dir, seinem Herrn und Schöpfer, zu dienen
und das Lob deiner großen Taten
zu verkünden
durch unseren Herrn Jesus Christus.
Darum singen wir
mit den Engeln und Erzengeln,
den Thronen und Mächten
und mit all den Scharen
des himmlischen Heeres den Hochgesang
von deiner göttlichen Herrlichkeit.

Messbuch [91]

Wir bekennen vor dir: Unser Lebensstil und unsere Gesellschaftsordnung schaffen Zwietracht und entfremden uns von deiner Schöpfung, so daß wir die Kreatur, der du Leben geschenkt hast, wie totes Material ausbeuten. Von dir getrennt, ist unser Leben leer. Wir sehnen uns nach einer neuen Frömmigkeit, die unser Planen, Denken und Handeln durchdringt. Hilf uns, die Erde für künftige Generationen zu bewahren und so miteinander zu teilen, daß alle frei werden.
Kyrie eleison, Herr, erbarme dich.
Gott der Liebe, du teilst unser Leiden in Jesus Christus, vergibst uns unsere Sünden und sprengst die Fesseln der Unterdrückung. Erwecke und erhalte in uns die Gemeinschaft mit unseren Brüdern und Schwestern in aller Welt. Schenke uns den Mut, miteinander das Leiden zu tragen, wenn es uns trifft. Entzünde in uns neu die Osterfreude, und laß uns inmitten der Anfechtung dennoch singen:
Halleluja, Lob sei dir, Herr.

5. Vollversammlung des ÖRK, Nairobi 1975 [92]

Wir danken dir, Gott, unser Vater.
Du hast alles erschaffen,
alles Lebensnotwendige
hast du den Menschen gegeben,
damit sie dir danken.
Wir danken dir für alle,
die durch ihr Reden und Beten,
ihr Tun und Lassen
deine Schöpfung bewahren helfen.
Wir danken dir für alle,
Atheisten wie Christen,
die Gerechtigkeit fördern
zwischen Nord und Süd, in Ost und West.
Wir danken dir für alle,
die durch ihr Denken und Entscheiden,
Verzichten und Geben
den Frieden verbreiten.
Dafür danken wir dir
durch deinen Sohn Jesus Christus.
Er ist die Sonne der Gerechtigkeit,
der Herr des Friedens,
die Sehnsucht und Hoffnung der Schöpfung.

Winfried Müller [93]

Wir danken dir, Gott:
Du hast unser Leben reich gemacht
durch die Vielfalt deiner Geschöpfe.
Dich ehrt der Spatz und der Adler,
das Lamm und der Löwe.
Dein Wort gilt allem, was lebt.
Dein Sohn ruft Kleine und Große,
Reiche und Arme,
Gerechte und Sünder.

Wir bitten dich um Offenheit für alles,
was uns begegnet,
um Geduld mit allem, was uns fremd ist,
um Freude an allem, was lebt.
Wecke Liebe in uns zu Menschen und Tieren.

Christian Zippert [94]

Gott, unser Vater ...
Du hast uns deine Schöpfung anvertraut.
Gib uns deinen Geist, daß wir bewahren, was du geschaffen hast, sorgfältig umgehen mit allem, was wir zum Leben brauchen, und fremdem wie eigenem Leichtsinn widerstehen.
Wir bitten dich für alle, die besonders verantwortlich sind in Wissenschaft und Technik, in Wirtschaft und Politik.
Du hast uns vereint zu der einen weltweiten, für alle Menschen offenen Kirche.
Gib uns deinen Geist, daß wir zu einem Zeichen für die Völker werden, das ermutigt zum Glauben, zur Liebe und zur Hoffnung.
Wir bitten dich für einen Fortgang auf dem Weg zur Gerechtigkeit, zum Frieden und zur Bewahrung der Schöpfung.
Nimm dich unser gnädig an, rette und erhalte uns; denn dir allein gebührt der Ruhm und die Ehre und die Anbetung, dem Vater und dem Sohn und dem Heiligen Geist, jetzt und allezeit und in Ewigkeit.

Christian Zippert [95]

Wir danken dir, unser Vater, für das Leben und die Erkenntnis, die du uns offenbar gemacht hast durch Jesus, deinen Knecht.
Dir sei Herrlichkeit in Ewigkeit!
Wie dieses gebrochene Brot zerstreut war auf den Bergen und zusammengebracht eines geworden ist, so soll zusammengeführt werden deine Kirche von den Enden der Erde in dein Reich; denn dein ist die Herrlichkeit und die Macht durch Jesus Christus in Ewigkeit. ...
Gedenke, Herr, daß du deine Kirche befreist von allem Bösen und sie vollendest in deiner Liebe.
Und führe sie zusammen von den vier Winden, die Geheiligte, in dein Reich, das du ihr bereitet hast.
Denn dein ist die Macht und die Herrlichkeit in Ewigkeit.
Es komme die Gnade, und es vergehe diese Welt!
Hosanna dem Gott Davids!

Zwölfapostellehre [96]

Wir danken dir, Gott, unser Vater,
und preisen dich,
denn du hast uns ins Leben gerufen.
Du läßt uns niemals allein auf unserm Weg
und bist immer da für uns.
Einst hast du Israel, dein Volk,
mit starker Hand
durch die weglose Wüste geleitet.
Heute führst du deine pilgernde Kirche
in der Kraft des Heiligen Geistes.
Du bahnst ihr den Weg durch diese Zeit
in die ewige Freude deines Reiches
durch unseren Herrn Jesus Christus.
Darum singen wir
mit allen Engeln und Heiligen
das Lob deiner Herrlichkeit.

Messbuch [97]

Wir sehen heute die traurige Zerstreuung deiner Kirche, und es will uns scheinen, als drohe nichts als Untergang. Da lehre uns, allmächtiger Gott, auf deine alte Kirche zu schauen, die in gleicher Bedrängnis war. Lehre uns aber auch den Blick auf deine Verheißung zu richten, die du uns auch heute schenkst. Gib, daß wir warten in Geduld, bis deine Kirche aus dem Dunkel des Todes aufersteht. Gib, daß wir an deiner Hilfe uns genügen lassen, auch dann, wenn unser Fleisch sie als zu schwach empfindet, bis es endlich offenbar wird, daß unser Warten nicht vergeblich war: wenn wir nach der Zeit des Glaubens und Wartens den Lohn empfangen in deinem himmlischen Reich, durch Christus, unsern Herrn.

Johannes Calvin [98]

O Herr Jesus Christus,
der du von einer hebräischen Mutter
geboren wurdest,
aber voll Freude warst
über den Glauben einer syrischen Frau
und eines römischen Soldaten,
der du die Griechen, die dich suchten,
freundlich aufgenommen hast
und es zuließest,
daß ein Afrikaner dein Kreuz trug,
hilf uns,
Menschen aller Rassen
als Miterben in dein Reich zu bringen.

Lutherische Kirche im Zululand [99]

Gott, himmlischer Vater, der du alles erschaffen hast, was im Himmel und auf Erden ist; Gott, unser Herr, der du dich offenbart hast in Jesus Christus; Gott, allmächtiger Heiland, der du Frieden schenkst, durch deinen Heiligen Geist:
Du hast deine Kinder in die Welt gesendet, und wir beten um deine Kraft und Vollmacht, die du denen verheißen hast, die Christum als ihren Herrn erkennen. Wir bitten dich um deine gnädige Hilfe in unserem Suchen nach einem Leben, das dir wohlgefällt, nach der Einheit in dir, nach einem Zeugnis, das aller Welt offenbar wird. Stärke deine Kirche auf Erden, und gib ihr Wachstum in allen Völkern, auch Einigkeit unter denen, die deinen Namen bekennen und sich Christen nennen in Glaube, Hoffnung, Liebe und guten Werken. Laß deine Kinder tapfer ringen nicht für eigenes Wohl, aber für die Errettung der Welt, und gib, daß sie allein dein Reich und deine Gerechtigkeit suchen.
Gib, daß deine Kirche dein Wort verkündige in aller Welt, und bringe alle Menschen auf den Weg deines Gehorsams. Und laß deine

Kinder fröhlich sein in dir, daß sie als Glieder deiner Kirche nicht getrennt sind durch die Unterschiede deiner Völker, der Rassen, der Klassen, sondern Zeugen sind deiner Barmherzigkeit und Liebe in dieser Welt. Baue dein Reich, Herr aller Herren. Durch die Verkündigung deiner Gerechtigkeit unter den Völkern und deiner Herrschaft über unser ganzes Leben. Baue dein Reich, Herr aller Herren. Durch deine Liebe, die am Kreuz Christi offenbar wurde, durch die Kraft seiner Auferstehung, durch die Gnadengabe seiner Sakramente. Baue dein Reich, Herr aller Herren.

1. Vollversammlung des ÖRK, Amsterdam 1948 [100]

Wir danken dir, himmlischer Vater, daß du die Welt geliebt hast, dir, Herr Jesu Christ, daß du uns durch dein Kreuz erlöst hast, dir, Heiliger Geist, daß du das Reich Jesu Christi zur Vollendung führst ... Herr, unser Gott, all deinen Wohltaten zum Trotz sind wir in großer Gefahr. Materialismus und Gottlosigkeit sind aus dem Westen und Osten von uns ausgegangen und vergiften die Welt; wir waren zu schwach und haben es nicht wehren können ...
Wir bitten dich, der du von großer Güte bist, wehre der Gefahr, lehre uns auf dich zu hoffen, dein Reich und deine Gerechtigkeit am ersten zu suchen, damit du dann in deiner Barmherzigkeit alles schenkest, was uns nötig ist, Friede und Freiheit den Völkern, Wahrheit im öffentlichen Leben und deiner Kirche einen ruhigen und freudigen Dienst. Aber wollest du uns nicht erhören, wollen wir doch bei dir bleiben, auf dich allein vertrauen und wie die ersten Christen beten: Es vergehe die Welt, es komme das Reich.

Nyborg-Konferenz 1960 [101]

Gott,
durch die Kraft deines Heiligen Geistes
laß unsere Herzen in neuer Liebe
zu Christus entbrennen;
damit wir unsere Kräfte
zusammen mit anderen dafür einspannen,
daß die Welt seinem Heilsplan näher kommt;
damit wir uns für die Einheit,
für die Christus betete,
einsetzen und uns nach ihr sehnen;
damit wir uns gedrängt fühlen,
für das Vorankommen deines Reiches
zu beten und zu arbeiten,
und damit es mit Freuden
bis an die Enden der Erde
aufgenommen werden kann.
Wir bitten in seinem Namen.

Lambeth-Konferenz 1978 [102]

Preis und Dank sei Gott, dem Vater, dessen Königsherrschaft wir uns anvertrauen. In der Verheißung eines neuen Himmels und einer neuen Erde, vollendet nach deinem Willen, werden alle Völker zusammenkommen mit ihren verschiedenen Gaben, und durch deine Liebe werden die Schranken und die Zerrissenheit, die uns trennen und den Frieden zerstören, überwunden werden. – Jener Friede „in Christus", der höher ist als unsere Vernunft, wird die Beziehungen unter den Menschen zur Vollendung bringen und die Harmonie in deiner Schöpfung schaffen.

– Deine Macht möge uns überraschen und staunen lassen.

Preis und Dank sei Gott, dem Sohn, an dessen Auferstehung und Erhöhung wir Anteil haben und die uns eine Vorahnung der neuen Menschheit geben, einer Menschheit, die unsere Vorstellungen und Erwartungen übersteigt.

– Deine Treue zu dem Auftrag, den Gott, der Vater, dir gegeben hat, sei uns Vorbild und Wegweisung.

Preis und Dank sei Gott, dem Heiligen Geist, an dessen Schöpfermacht wir teilhaben. Laß uns teilhaben an deiner Kraft, alle Dinge zur Vollendung zu führen. Laß uns teilhaben an deiner Macht, Augen und Ohren zu öffnen. Laß uns deine wunderbare Schöpfermacht freudig preisen.

– Maranatha!
– Halleluja, Halleluja, Halleluja.

Kommission für „Glauben und Kirchenverfassung" [103]

O Herr, der du unser Friede bist, dein Friede behüte die Seelen, die zu dir flehen! „Meinen Frieden gebe ich euch; meinen Frieden hinterlasse ich euch", sprach der Herr zu seinen Aposteln und fuhr zu seinem Vater auf. Wenn er in großer Herrlichkeit wiederkommt und Schrecken die Schöpfung befällt; wenn die Posaune in der Höhe ruft und die Grundfesten des Erdkreises sich lösen; wenn die mächtigen Felsen sich spalten, alle Gräber sich öffnen und in einem Augenblick alle Entschlafenen unverwest auferstehen; wenn der Staub Adams gesammelt wird, so daß kein Stäubchen davon zurückbleibt; wenn in großer Angst die Oberen und die Unteren dastehen: dann komme deine Versöhnung, o Herr, uns entgegen, und dein Friede begegne uns! Dir sei Ehre, über uns aber komme deine Barmherzigkeit, o Gnädiger, o Erbarmungsreicher!

Ephräm der Syrer [104]

In Wahrheit ist es würdig und recht,
dir, Herr, heiliger Vater,
immer und überall zu danken.
Du hast deinen eingeborenen Sohn,
unseren Herrn Jesus Christus,
mit dem Öl der Freude gesalbt
zum ewigen Priester
und zum König der ganzen Schöpfung.
Als makelloses Lamm und friedenstiftendes
Opfer hat er sich dargebracht
auf dem Altar des Kreuzes,
um das Werk der Erlösung zu vollziehen.
Wenn einst die ganze Schöpfung
seiner Herrschaft unterworfen ist,
wird er dir, seinem Vater,
das ewige, alles umfassende Reich übergeben:
das Reich der Wahrheit und des Lebens,
das Reich der Heiligkeit und der Gnade,
das Reich der Gerechtigkeit,
der Liebe und des Friedens.
Durch ihn rühmen dich Himmel und Erde,
Engel und Menschen
und singen das Lob deiner Herrlichkeit.

Messbuch [105]

O Gott! Du bist selbst die ewige Liebe, ewige Freude, ewiges Gut, ewiges Leben ... Deine Herrlichkeit wird in uns leuchten, deine Heiligkeit, deine Schönheit, deine Kraft und Stärke, dein Licht, deine Klarheit und Weisheit ... Nicht außer uns, sondern in uns wird dieser Schatz sein und alles Gut, welches du selbst bist. Denn du wirst alles in allem, und was die Auserwählten wünschen werden, werden sie alles an dir haben ... Da werden wir unsern Reichtum in uns selbst haben. Wir werden in Gott und Gott in uns sein. In Gottes Liebe werden wir uns eingeschlossen sehen und Gott in unserer Liebe. Wir werden uns alle in Christi liebreiches Herz eingeschlossen sehen und Christum in uns. Wir werden in der Freude des Heiligen Geistes leben und weben und der Heilige Geist in uns. Wir werden mit allen heiligen Engeln vereinigt sein und mit allen Auserwählten ein Herz und ein Geist sein und alles Leids dieser Welt vergessen und werden ewiglich mit den Freuden des Angesichts Gottes ergötzt werden.

Johann Arndt [106]

Ewiger Richter der Menschen
und der Völker,
laß die Liebe deines Herzens siegen
über allen menschlichen Wahn.
Laß jene Liebe herrschen,
die dereinst am Jüngsten Tag
das Gewissen der Menschen erleuchten wird.
Dann werden wir erkennen, daß das,
was wir den Brüdern taten oder versagten,
dir getan oder versagt war.
Laß deine Liebe siegen!
Sie ist ja unerschöpflich
und stärker als jedwede menschliche Bosheit.
So werden wir mit dir vereint
und untereinander eins sein.
Diese Liebe wird uns
in den Himmel emporführen,
in die Wonne deiner eigenen Seligkeit,
um durch eine ganze Ewigkeit
deinen Sieg und deinen Triumph
in festlicher Freude zu feiern.

Pius XII. [107]

Vater, wir bitten dich: Schenk uns die Erfüllung allen Glaubens und aller Liebe unseres Erdenlebens. Laß uns und deine ganze Kirche mit Jesus in der Seligkeit bei dir sein, wie du uns auf Erden in die Gemeinschaft seines Kreuzes ziehst. Gib uns die Wohnungen in deinem Haus, die er uns bereitet ...
Er ist unser Weg zu dir, er ist die Wahrheit, in der deine göttliche Wirklichkeit uns aufscheint, er ist das Leben, das uns mit deinem Leben durchdringt. In Freuden bekennen wir, daß wir von der Vollendung nichts anderes erhoffen als diese Erkenntnis Jesu – nur ohne den Schleier des Glaubens. Laß uns seine Herrlichkeit schauen und so mitten in deinen eigenen Glanz hineinblicken; laß uns die Liebe sehen, die ihn mit dir verbindet; laß uns hineingerissen und umgestaltet werden von dieser ewigen Liebe, die schon vor Grundlegung der Welt flutete – und laß so die Einheit deiner Kirche ihre letzte Erfüllung finden.

Wilhelm Thüsing [108]

Du großer, dreieiniger Gott! Der du am Anfang stehst, um zu schaffen, zu erhöhen, zu erlösen, zu heiligen, zu vollenden! Du stehst auch am Ende, um uns mit offenen Armen aufzunehmen. Mit dir, o Sohn, durch dich, o Heiliger Geist, dürfen wir dann für immer und ewig ruhen in der ewigen Sabbatruhe am mütterlichen Herzen des uralten, heiligen Vaters, aber auch teilnehmen an dem gewaltigen innergöttlichen Liebesleben: des Gezeugtwerdens in und mit dem Sohn, der Hingabe an den Vater, eingetaucht in die Gnadenströme des Heiligen Geistes; mitwirken an der Vollendung der Schöpfung, mitjubeln den Dreifaltigkeitsrhythmus des Kosmos zum Lob und Preis des Vaters durch den Sohn im Heiligen Geist, das ewige Gloria Patri et Filio et Spiritui Sancto!

Friedrich Kronseder [109]

Gebete und Beter Quellennachweis

Lancelot Andrewes (1555-1626), anglik. Bischof, führender Theologe des älteren Anglokatholizismus: [32] in: Althausen, J. u. a. (Hg.): Gebete für die Einheit der Kirche, Berlin o. J., 45.

Johann Arndt (1555-1621), luth. Pfarrer in Celle; von großer Wirkung durch seine „Vier Bücher vom wahren Christentum"; [106] aus seinem Gebetbuch „Paradieß-Gärtlein", Lauban 1716, 212f.

Basiliusliturgie, bis zum 10. Jh. die meistgefeierte byzantinische Liturgie; heute u. a. an den Sonntagen der Fastenzeit, am Gründonnerstag und in der Osternacht verwandt: [57] in: Schermann, Th. (Hg.): Griechische Liturgien, Kempten u. München 1912, 276.

Bekennende Kirche, evang. Widerstandsbewegung gegen nationalsozialistische Staatskirchenpolitik zum Schutz der reform. Bekenntnisse: [49].

Bessarion von Nizäa (1403-1472), Basilianer, Erzbischof; Vorkämpfer der Union von morgen- und abendländischer Kirche auf dem Konzil von Ferrara-Florenz 1438/39: [16] in: Eine Heilige Kirche 21 (1939), 169f.

Britischer Rat der Kirchen, Zusammenschluß der anglik. und der Freikirchen, seit 1942: [72] in: Hornig, E.: Der Weg der Weltchristenheit, Stuttgart ^{2}1958, 235.

Bundesrat der amerikanischen Kirchen (Federal Council of Churches of Christ in Amerika), 1908 zur ökum. Zusammenarbeit gegr., Vorgänger des 1950 konstituierten National Council: [67], Gebet des Bundesrates für 1938, in: Siegmund-Schultze, F.: Ökumenisches Jahrbuch 1936/37, Zürich 1936, 255.

Johann Calvin [Jean Cauvin] (1509-1564), Genfer Reformator: [51], [98] in: Dietz, O. (Hg.): Gebete der Kirche I, Nürnberg 1935, 263, 244.

Common Prayer Book, Kirchenagende und allg. Gebetbuch der anglik. Kirche, 1549 eingeführt: [58].

Paul Couturier (1881-1953), kath; Abbé, Vorkämpfer christl. Einheit im Gebet; Initiator der ökum. Gebetsoktav für „die Einheit Jesu Christi, wie er sie will und wann er sie will": [9] in: Villain, M.: Das Gebet Jesu für die Einheit der Christen, Mainz 1962, 62f; [37], [47] in: Ders.: L'Abbé Paul Couturier, Tournai u. Paris 1957, 77f, 355; [59].

Cyrill von Jerusalem (315-386), Bischof, Kirchenlehrer; [83] in: Karrer, O.: Heiliger, starker Gott, München 1953, 140.

Adolf Deissmann (1866-1937), luth.; Prof. für NT in Heidelberg und Berlin, [89] in: Die Stockholmer Weltkirchenkonferenz, Berlin 1926, 752.

Deutscher Evangelischer Kirchentag, 1949 als Laienbewegung und „Einrichtung in Permanenz" gegründet: [80] in: Erlebter Kirchentag. Berlin 1961, Stuttgart/Berlin, 274.

Suzanne de Diétrich (1891-1981), Dipl.-Ing., Lektorin für Bibelarbeit am Ökum. Institut in Bossey, Sekretärin des Christl. Studentenweltbundes: [6] in: Allgemeines Evangelisches Gebetbuch, Berlin 1954, 177.

Albrecht Dürer (1471-1528), kath.; Zeichner und Maler der deutschen Renaissance: [31] im Tagebuch, anläßlich der Gefangennahme Luthers, 1512, in: Dürer, A.: Tagebücher und Briefe, München 1969, 84.

Ephräm der Syrer (306-373); Diakon, Hymnendichter, Kirchenlehrer: [104] in: Bardenhewer, O. (Hg.): Ephräm der Syrer I, München 1919, 89.

Erasmus von Rotterdam (1469-1536), kath.; Humanist: [4] Schluß der Precatio ad Dominum Jesum pro pace Ecclesiae 1532, nach: Menge, G.: Versuche zur Wiedervereinigung im Glauben, Steyl 1920, 33.

Terry C. Falla, luth. Theologe, Australien: [56] in: Crawford, J. u. a. (Hgg.): Gemeinschaft feiern. Gebete und Lieder der Einheit, Genf 1993, 57.

Carlo Gay, Waldenser, Rom: [44] in: Die Kirche in Europa und die Krise des modernen Menschen. Konferenz europäischer Kirchen, Nyborg 1962, Zürich u. Frankfurt a. M. 1963, 22f.

Kommission für „Glauben und Kirchenverfassung", aus der 1910 konstituierten „Faith and Order"-Bewegung erwachsen, seit 1948 Kommission im ÖRK; zus. mit dem vatikanischen Einheitsrat um die jährliche Weltgebetsoktav bemüht; 5. Weltkonferenz 1993 in Santiago de Compostela/Spanien: [45] in: Crawford, J. u. a. (Hgg.): Gemeinschaft feiern. Gebete und Lieder der Einheit, Genf 1993, 6; [22], [27], [62], [74] in: Gottesdienstbuch der 5. Weltkonferenz für Glauben und Kirchenverfassung Santiago de Compostela 1993, Genf 1993, 61f, 53f, 47, 61; [103] in: Kirche und Welt. Die Einheit der Kirche und die Erneuerung der menschlichen Gemeinschaft, Frankfurt/M. 1991, 85f.

Romano Guardini (1885-1968), kath. Religionsphilosoph, Theologe; führend in der liturg. Bewegung: [33] in: Mumm, R. (Hg.): Ökumenische Gebete, Regensburg u. Stuttgart 1991, 58.

Thich Nhat Hanh, Vietnam: [88] in: Appleton, G. (Hg.): The Oxford Book of Prayer, London 1985.

Jakobusliturgie, seit dem 9. Jh. bezeugt, auf Jerusalemer Liturgie zurückgehend; heute bei den westsyr. Jakobiten, den unierten Syrern und den Maroniten gebraucht: [1] in Dillersberger, J.: Deutsches Stundenbuch, Salzburg 1941, 247; [23] in: Siegmund-Schultze, F.: Die Einigung der christlichen Kirchen, Basel 1942, 14.

Jesusbruderschaft, 1961 gegründete Gemeinschaft zölibatärer Männer und Frauen sowie Verheirateter, Zentrum seit 1970 in Gnadenthal/Limburg: [55] in: Tageszeitgebete der Jesus-Bruderschaft Gnadenthal, Hünfelden 1985, 66.

Konferenz Europäischer Kirchen (KEK), 1955 entstandener, 1964 satzungsgemäß konstituierter Zusammenschluß orthodoxer, protestantischer und altkatholischer Kirchen Europas; 10. Vollversammlung in Prag 1992: [40], [82] in: Heft für den Eröffnungsgottesdienst auf dem Altstädter Ring, Prag, 2.9.1992, 5, 11.

Friedrich Kronseder (geb. 1879), Jesuit, Studentenseelsorger: [109] in: Im Geheimnis, Regensburg 1949, 137f.

Lambeth-Konferenz, alle zehn Jahre stattfindende Konferenz der Bischöfe aller anglik. Kirchen: [102] in: Crawford, J. u. a. (Hgg.): Gemeinschaft feiern. Gebete und Lieder der Einheit, Genf 1993, 38f.

Martin Luther (1483-1546), Reformator: [17] aus: Luther, M.: Betbüchlein 1522, WA 10/2, 478.

Lutherische Kirche im Zululand: [99] in: Althausen, J. u. a. (Hgg.): Gebete für die Einheit der Kirche, Berlin o. J., 66.

Markusliturgie, in Alexandrien entstanden, überliefert in Fragmenten aus dem 4. und 5. Jh.; vollständige Texte aus dem 12. und 14. Jh.: [28] nach: Schermann, Th. (Hg.): Griechische Liturgien, Kempten u. München 1912, 165.

Messbuch: 1975 editierte authentische Ausgabe für die Feier der Hl. Messe in den Bistümern des deutschen Sprachgebiets: [2], [3], [8], [14], [15], [29], [30], [35], [36], [41], [42], [50], [63], [64], [69], [70], [75], [76], [77], [84], [85], [91], [105] in: Messbuch für die Bistümer des deutschen Sprachgebietes, Freiburg 1975, 1019, 1042f, 1046, 1046, 317.33, 307.6, 1044f, 315.27, 1084, 316.30, 24f, 1018, 1049, 1041, 310.17, 1056, 313,23, 310.16, 1059, 312.21, 406f, 262f; [8], [46], [97] in: Messbuch, Hochgebet für Messen für besondere Anliegen, Freiburg 1994, 32, 16, 24.

Die Ständige Kommission für die Herausgabe der gemeinsamen liturgischen Bücher im deutschen Sprachgebiet erteilte für die aus diesen Büchern entnommenen Texte die Abdruckerlaubnis.

Evangelisch-methodistische Kirche, im 18. Jh. aus Erwekkungsbewegung des engl. Protestantismus entstanden: [20] in: Althausen, J. u. a. (Hgg.): Gebete für die Einheit der Kirche, Berlin o. J., 28f.

Thomas Merton (1915-1968), zunächst Kommunist, seit 1928 kath., seit 1931 Trappist in Kentucky/USA, 1968 tödlich verunglückt: [54] in: Schmidt, H. G. (Hg.): Wie der Mond stirbt. Das letzte Tagebuch des Thomas Merton, Wuppertal 1976, 199.

Max Josef Metzger (1887-1944), kath. Priester, Vorkämpfer der kath. Friedensbewegung, Mitgründer der Una-Sancta-Bewegung: [5] in: Metzger, M. J.: Für Frieden und Einheit, Meitingen 1964, 175.

Evangelische Michaelsbruderschaft, 1931 in Marburg gegründet; erstrebt Erneuerung der Ev. Kirche von der Eucharistie her, ökumenisch orientiert: [42] in: Ritter, K. B./Stählin, W. (Hgg.): Die Ordnung der Beichte, Kassel ^{3}1952, 25f; [73] in: Mumm, R. (Hg.): Ökumenische Gebete, Regensburg u. Stuttgart 1991, 105.

Internationaler Missionsrat, 1910 auf der Weltmissionskonferenz von Edinburgh geplant, 1921 in Lake Mohonk gegründet; 1961 in Neu-Delhi mit dem Ökumenischen Rat der Kirchen vereinigt: [78] in: Althausen, J. u. a. (Hgg.): Gebete für die Einheit der Kirche, Berlin o. J., 53.

Winfried Müller, evang.: [93] in: Hören und Beten. Auf dem Weg zur Weltversammlung, 1990.

Nyborg-Konferenzen, Tagungen der Konferenz Europäischer Kirchen, die 1959 in Nyborg (Dänemark) begonnen wurden: [38] in: Harms, H. H. (Hg.): Die europäische Christenheit in der heutigen säkularisierten Welt, Zürich u. Frankfurt 1960, 130; [68], [101] in: Harms, H. H. (Hg.): Der Dienst der Kirche in einer sich verändernden Welt, Zürich u. Frankfurt 1962, 87f, 97f.

Ökumenischer Rat der Kirchen (ÖRK), 1948 in Amsterdam gegründet: [26] in: Gebetswoche für die christliche Einheit 1956; [52] in: Gebetswoche für die christliche Einheit 1960; [60], [71], [100] in: Hornig, E.: Der Weg der Weltchristenheit, Stuttgart ²1958, 227, 225, 226f; [92] in: Link, H.-G. (Hg.): Mit Gottes Volk auf Erden. Ökumenischer Fürbittkalender, Frankfurt 1989, 106f; [65].

Bruderschaft vom gemeinsamen Leben, 1905 in der Schweiz entstanden zum Dienst an der Einheit des Volkes Gottes: [13] in: Vereinigung vom gemeinsamen Leben im Oekumenischen Christusdienst e. V. (Hg.): Brüder betet, Nürnberg 1972 und Friedberg 1995.

Pius XII. (1876-1958), vorher Eugenio Pacelli, 1917-1929 Nuntius in Deutschland, 1930 Kardinalstaatssekretär, 1939-1958 Papst: [107] in: Wüstenberg, B./ Zabkar, J. (Hgg.): Gebete des Hl. Vaters Pius XII., Wien u. München 1955, 73.

Karl Rahner (1904-1984), Jesuit, Philosoph und Theologe: [61] wahrscheinlich der letzte von Rahner verfaßte Text (gekürzt), in: Raffelt, A. (Hg.): Karl Rahner. Gebete des Lebens, Freiburg ²1995, 200.

Reformierter Bund, 1884 gegründeter freiwilliger Zusammenschluß ref. Gemeinden und Kirchen in Deutschland: [18], [87] in: Moderamen des Ref. Bundes (Hg.): Kirchenbuch, Neukirchen-Vluyn 1951, 49, 41.

Karl Bernhard Ritter (geb. 1890), Kirchenrat, 1925-1945 Studentenseelsorger in Marburg; 1931 Gründer der Ev. Michaelsbruderschaft: [53] in: Die eucharistische Feier, Kassel 1961, 383.

Elisabeth von Schmidt-Pauli (geb. 1889), kath. Schriftstellerin: [11] in: Gebetbuch des neuen Menschen, München 1955, 144f.

Kirche von Schottland, im 16. Jh. entstandene presbyterianische Kirche mit großer mission. und ökum. Aktivität: [66], [86] in: Book of Common Order of the Church of Scotland, London 1962, 284.

Vereinigte Kirche von Südindien, 1947 in Madras konstituiert; vereinigt episkopale, presbyteriale und kongregationistische Elemente: [48] in: Book of Common Worship, Oxford 1963, 45.

Bruderschaft von Taizé, 1942 von Paster Roger Schutz, ihrem heutigen Prior, begründet; Mitglieder stammen aus verschiedenen Kirchen; vordringlich im Dienst der christl. Einheit: [21], [25] in: Office de Taizé, Taizé 1961, 260f, 395-398; [24] in: The Eucharist Liturgy of Taizé, London 1962, 81. © Ateliers et Presses de Taizé

Juhanon Mar Thoma (1892-1958), Mitglied der Syrischen Mar Thoma Kirche, Indien: [79] in: Hornig, E.: Der Weg der Weltchristenheit, Stuttgart ^{2}1958, 228f.

Wilhelm Thüsing (geb. 1921), kath. Priester, Prof. für Exegese des NT: [7], [34], [108] in: Herrlichkeit und Einheit, Leipzig 1962, 35f, 97f, 116.

Unité Chrétienne, Ökumenisches Zentrum Lyon: [39] in: Müller, B./Kervingant, M.: Einheit wächst im Herzen. Der Beitrag des Mönchtums zur Ökumene, München 1986, 76f.

II. Vatikanisches Konzil; 21. Ökum. Konzil der kath. Kirche, 1962-1965: [19] in: Pontificale Rom. Germ. (um 950 in Mainz), von den Bischöfen vor jeder Konzilssitzung gebetet.

Maurice Villain, kath.; franz. Maristenpater: [12] in: Das Gebet für die Einheit der Christen, Mainz 1962, 42f.

Huldreich Zwingli (1484-1531), Reformator der deutschsprachigen Schweiz: [43], Züricher Liturgie 1525, in: H. Zwinglis sämtl. Werke IV, Leipzig 1927, 22.

Christian Zippert (geb. 1936), Bischof der Evangelischen Kirche von Kurhessen-Waldeck: [81], [90], [94], [95] in: Zippert, Chr. (Hg.): Geborgen im Lauf der Zeit, (Chr. Kaiser/Gütersloher Verlagshaus) Gütersloh 1992, 201, 207f, 56, 107f.

Zwölfapostellehre (Didache), moralische Unterweisung und liturg. Quellenwerk (um 100): [96] in: Schöllgen, G. (Hg.): Fontes Christiani, Bd. 1, Freiburg 1991, 121ff.

Inhalt

In der gleichen Reihe sind erschienen:

DANKE, HERR, FÜR DIESEN TAG
Gebete für den Morgen und den Abend
Herausgegeben von Wilfried Hagemann
132 Seiten, gebunden, ISBN 3-87996-278-2

Marie-Luc Kerremans
SEGNE, VATER, DIESE GABEN
Tischgebete für alle Tage des Jahres
132 Seiten, gebunden, ISBN 3-87996-259-6

SEINE MUTTER – UNSERE SCHWESTER
Mariengebete aus zwei Jahrtausenden
Herausgegeben von Wolfgang Bader
160 Seiten, gebunden, ISBN 3-87996-226-X

ENTZÜNDE IN UNS
DAS FEUER DEINER LIEBE
Gebete zum Heiligen Geist
Herausgegeben von Josef Sudbrack
136 Seiten, gebunden, ISBN 3-87996-248-0

BETEN IN DER FAMILIE
Gebete für Eltern und Kinder
Herausgegeben von Reinhard Abeln
132 Seiten, gebunden, ISBN 3-87996-317-7

VERLAG NEUE STADT MÜNCHEN · ZÜRICH · WIEN